AF289190

JASMIN SPRING

Die sechs Geschenke der Endlichkeit

Die sechs *Geschenke* der Endlichkeit

Mut finden in der Krise

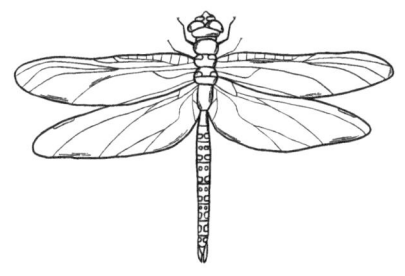

JASMIN SPRING

Bibliografische Information der Deutschen Nationalbibliothek: Die Deutsche Nationalbibliothek verzeichnet diese Publikation in der Deutschen Nationalbibliografie; detaillierte bibliografische Daten sind im Internet über dnb.dnb.de abrufbar.

Lektorat, Korrektorat, Satz, Umschlaggestaltung & Verlag:
BoD · Books on Demand GmbH,
In de Tarpen 42, 22848 Norderstedt, bod@bod.de

Druck:
Libri Plureos GmbH,
Friedensallee 273, 22763 Hamburg

ISBN: 978-3-7583-5441-0

INHALTSVERZEICHNIS

EINLEITUNG

Dein Leben ruft:
«Schön, dass du da bist!»

―――――

Ich danke dir, dass du dieses Buch aufschlägst und ihm eine Chance gibst. Das bedeutet mir sehr viel.

Ehrlich gesagt, ist es für mich ein Wunder, dass du dieses Buch nun in deinen Händen hältst. Wenn es dich erreicht und zu berühren vermag, wie ich es mir beim Schreiben immer wieder vorgestellt habe, und sich dadurch dein Leben verändert, dann bin einfach nur dankbar dafür.

Ich möchte dir in diesem Buch einen Teil meiner Geschichte erzählen. Die Erfahrungen und Erkenntnisse, die ich hier mit dir teilen möchte, haben mich in der Tiefe verändert. Sie haben in mir einen Raum geöffnet für ein Leben, das bunter, tiefer, echter und lebendiger ist, als ich es mir je vorgestellt habe.

Ich möchte dich mit diesem Buch auch ermutigen. Bitte höre nie auf, daran zu glauben, dass das Leben schön ist. Es ist ein wundervolles Geschenk. Es ermöglicht uns, an all unseren Erfahrungen zu wachsen, was auch immer uns in der Vergangenheit begegnet ist. **Egal wer dir eingeredet hat, dass du etwas nicht kannst oder dass etwas nicht geht, denke immer daran: Es muss nicht**

deine Wahrheit sein, wenn du eine ändere wählst. Ich wünsche mir für dich, dass du diesen Ruf des Lebens hörst und deiner inneren Stimme folgst, aller Vernunft zum Trotz.

Wenn dieses Buch dich gefunden hat, dann bin ich der tiefen Überzeugung, dass es einen Grund dafür gibt. Vielleicht befindest du dich gerade an einer Weggabelung und der nächste Entwicklungsschritt steht an. Oder du machst momentan eine herausfordernde Zeit durch, in der du dich nach Klarheit, Ermutigung und innerem Frieden sehnst. Manchmal ist unglaublich viel Licht in der größten Dunkelheit zu finden, auch wenn es in solchen Momenten schwer zu glauben ist. Vertraue darauf.

Das Schreiben dieses Buches hat mich beschäftigt, belastet und herausgefordert, denn es schien mir ein Ding der Unmöglichkeit, meine Erlebnisse in geeignete Worte zu fassen. Ich wollte erreichen, dass du meine Worte nicht einfach nur liest und dich von ihnen unterhalten lässt, sondern dass sie die Fähigkeit haben, dich zu berühren. Sie sollen dich dazu verführen, dich für das Leben zu öffnen, mit allem, was es zu bieten hat. Ich spürte immer wieder, tief in mir drin, entgegen allen Zweifeln: Ich muss meine Erfahrungen und Erkenntnisse aufschreiben, ich will es tun, damit du dieses Buch eines Tages in den Händen halten kannst. Das ist mein Geschenk an dich. Ich gebe dieses Geschenk nun an dich weiter, denn ich habe es vom Leben durch eine wundervolle Begegnung erhalten. So sehe ich es als meine Aufgabe an, dieses Geschenk nicht für mich zu behalten, sondern es mit dir zu teilen, damit du eine Entscheidung treffen kannst, dein Leben in die Hand nimmst und auf deinem Lebensweg weitergehen kannst.

Wahrscheinlich kennen wir uns nicht und vielleicht werden wir uns nur auf diesem Weg begegnen, aber glaube mir: Alles, was ich dir durch dieses Buch schenken möchte, kommt von Herzen. Stelle dir beim Lesen einfach vor, wir würden als Freunde ein tiefes, echtes, transformierendes Gespräch führen und uns auf ein gemeinsames Abenteuer begeben.

Ich wünsche mir, dass unsere Begegnung dich freier macht, dich ermutigt und dir inneren Frieden schenkt. Dass du wieder anfängst, dein Leben und alles um dich herum mit anderen Augen zu sehen. Dass die Freude sich jeden Tag mehr in dir ausbreitet und du dein Leben bewusster gestaltest. Und dass du dort, wo du lebst, anfängst, dich zu zeigen, und dich mehr einbringst. **Denn wenn du das nicht tust, fehlst du.**

Wenn dich meine Geschichte berührt und etwas in dir verändert, bitte ich dich, dieses Geschenk weiterzugeben. Lass uns ein Feuer anzünden, das wir weiterreichen. Ein Feuer, das uns für das kostbare Geschenk des Lebens entflammt und uns den Mut schenkt, in diesem Leben ganz anzukommen, es voll auszukosten und eines Tages gestillt und tief erfüllt zu erlöschen, im Wissen darum, dass das Feuer, von dem wir Teil waren, weiterbrennt.

Deine Vorbereitung

Es ist mir eine Ehre, wenn du beschließt, diese Geschichte persönlich zu nehmen. Denn ich schreibe sie für DICH.

Ich möchte dich einladen, dieses Buch nicht nur zu lesen und dich von mir unterhalten zu lassen. Bitte nimm meine Worte persönlich und stell dir gerne vor, dass ich als wache, ehrliche Freundin vor dir sitze und mir deine Weiterentwicklung wahrhaftig am Herzen liegt. Lass die Fragen, die ich dir stelle, in dir wirken und sei offen dafür, dass sich dein Geist weiten kann, auch wenn du vielleicht noch nicht weißt, was du damit anfangen sollst.

Ich empfehle dir, ein Notizbuch zu führen, in das du deine Gedanken hineinschreibst. Du kannst für dich wichtige Textstellen darin festhalten und dir offene Fragen notieren, die du dir im Moment vielleicht noch nicht beantworten kannst.

Fragen, die wir uns aufrichtig stellen, wirken eine Zeit lang in uns nach und manchmal kommen die Antworten erst Stunden oder Tage später in Form von Bildern, Worten, Gedankenblitzen oder Träumen zu uns. Sei wachsam und achte darauf, wie dieses Buch deinen Körper, deine Gefühle und Gedanken beeinflusst. Und achte neugierig darauf, wie dein Unterbewusstsein und deine Seele mit dir kommunizieren.

Das Wichtigste zuerst

Ich bin gleich wie du. Und das meine ich wortwörtlich.

Wenn dieser Satz für dich noch nicht wirklich Sinn ergibt, ist das absolut okay. Lass ihn mich dir etwas genauer erläutern.

Es gibt unzählige Schicksale, so unterschiedlich wie das Leben selbst. Viele davon sind aus menschlicher Sicht unglaublich grausam, traurig, unverständlich und absolut unfair. Möglicherweise ist auch dir oder jemandem in deinem nahen Umfeld etwas widerfahren, was dich in deiner Tiefe erschüttert und schmerzhaft verletzt hat. Es ist menschlich, dass wir die Schicksale gewichten und zwischen verschiedenen Schweregraden unterscheiden. Das ist allerdings nach meinem heutigen Verständnis völliger Mist. Denn dieses wertende Gewichten trennt uns mehr, als dass es uns als Menschen verbindet. Wer sind wir, dass wir darüber entscheiden, welches Schicksal schwerer wiegt als ein anderes?

Eine Trennung von einem geliebten Partner kann genauso schmerzhaft sein wie der Tod eines geliebten Menschen. Wenn ein nahestehender Mensch eine schwere Diagnose erhält, kann uns das im selben Maße erschüttern, als wäre es unsere eigene. Einen Lebenstraum aufgeben zu müssen, den Job unerwartet zu verlieren, eine Naturkatastrophe zu erleben, all das sind Schicksale, und sie müssen nicht gewichtet werden.

Fakt ist: Jeder von uns hat Mist erlebt. Jeder von uns wurde enttäuscht, betrogen, verletzt, verraten. Unsere Geschichten sind unterschiedlich, doch die Gefühle dahinter gleichen einander.

Ich bin gleich wie du. Ich möchte dir in diesem Buch als Freund auf Augenhöhe begegnen. Als jemand, der dich und dein Menschsein wertschätzt, deine Geschichte und deine Verletzungen achtet und deine Wahl respektiert, wie du auf dein Leben antwortest. Ich möchte ein Freund sein, der dir seine Geschichte erzählt, damit du deine eigene Geschichte noch besser verstehen oder anders betrachten kannst. Ich möchte dich liebevoll daran erinnern, dass du die Art und Weise, wie du auf deine Erfahrungen antwortest, verändern kannst. Es ist möglich, dass du ein erfülltes Leben lebst, unabhängig davon, was noch passieren wird oder dir bereits passiert ist. Das ist die ultimative Freiheit, die du dir als Mensch selbst schenken kannst.

Was ich mir für dich wünsche

Was dir in deinem Leben widerfährt, hast du zu einem großen Teil nicht selbst in der Hand. Doch wie du darauf antwortest, liegt ganz in deiner Verantwortung. Ich wünsche mir für dich, dass du den Blick auf dein Leben mit diesem Buch zu weiten vermagst und an den Herausforderungen deines Lebens wächst, egal was dir passiert ist. Denn ich erkenne als Freund das Wunder in dir und traue es dir zu.

Mitleid erschafft mehr Leid

Wir dürfen aufhören, einander im Mitleid zu begegnen, denn im Mitleid sind wir nicht mehr auf Augenhöhe. «Mit-Leid» erzeugt mehr Leid. Was hätte ich davon, wenn meine Geschichte noch weiteres Leid in dir auslösen würde? Und wie klein würdest du mich unbewusst machen, wenn du mir nicht zutrauen würdest, dass ich mein Schicksal tragen kann? Ich trage es jeden Tag. Wenn du diese Geschichte liest, dann fühle mit mir, lass dich berühren und lerne die Schönheit dahinter zu erkennen, auch wenn sie sich unglaublich gut tarnt. Doch bleibe bitte nicht in meiner Geschichte hängen, sondern lass sie dich verändern und lebe dein schönstes, wildestes, lebendigstes Leben!

Du bist gleich wie ich. Du hast mein volles Mitgefühl für deine Geschichte und deinen Weg. Ich weiß nicht, was dir in deinem Leben widerfahren ist. Aber eines weiß ich über dich ganz sicher: Wenn ich es schaffe, wieder aufzustehen, kannst du das auch. Wenn ich es schaffe, über einen schweren Verlust hinwegzukommen, kannst du das auch. Du bist gleich wie ich.

Meine Absicht

Meine größte Freude wäre es, wenn wir uns in diesem Buch auf einer tieferen Ebene begegnen könnten, nämlich im Mitgefühl füreinander und im Verständnis dafür, dass das Menschsein so vielschichtig ist wie das Leben selbst.

Mit vorschnellen Urteilen über das Menschsein und die Welt verrennen wir uns nur. Wir verpassen dadurch die wahre Schönheit und Tiefe eines Menschen und des Lebens. Jede Lebensgeschichte ist in der Tiefe einzigartig und unverwechselbar, auch wenn es an der Oberfläche anders scheint.

Für dieses Buch brauchst du Kopf und Herz

Ich möchte mich in diesem Buch nicht nur auf der Verstandesebene mit dir treffen, sondern auch an einem Ort, zu dem unser Kopf keinen Zugang hat. An diesem Ort können all unsere Erfahrungen wirken, selbst die, welche wir nicht rational durchdenken können. Wir können so vieles in unserem Kopf begreifen und verstehen, ohne dass es uns jemals in der Tiefe erreicht. Ich kenne das gut von mir selbst. Darum bitte ich dich: Versuche dieses Buch nicht ausschließlich mit deinem Kopf zu lesen. Lade ihn ein, sich zu entspannen, wenn er gewisse Dinge nicht sofort versteht. Öffne dich einfach einmal dafür, dass du so viel mehr bist als dein Verstand. Ich möchte mit dir in Kontakt treten, mit dem, was in deiner Tiefe wohnt.

Echte Erfahrungen dieser Art erleben wir mit unserem ganzen Wesen und bis in jede Faser unseres Seins, sprich mit allem, was uns ausmacht. Je tiefer unsere Erfahrungen gehen, umso mehr weiten sie unser Herz und ermöglichen uns den Zugang zu unserer Intuition. Wenn wir uns dafür öffnen, kann das Leben durch uns hindurchfließen.

Ich wünsche mir für dich, dass du das Leben in dir wieder empfangen und durch dich hindurchfließen lassen kannst.

Mein Kopf gab sich sehr lange unnachgiebig, stur und verbissen. In diesem Buch werde ich dir von einer Begegnung erzählen, die es letztlich vermochte, mich wieder für den verborgenen Anteil meines Wesens zu öffnen.

Meine Worte mögen sich für dich möglicherweise utopisch oder zu dramatisch anhören. Das ist absolut okay. So kam es mir lange Zeit auch selbst vor.

Bist du neugierig auf eine Begegnung mit dem Leben?

Wir sind es gewohnt, an der Oberfläche zu leben, obwohl wir tief in uns spüren, dass etwas Wichtiges in uns verkümmert. Lieber sind wir in eingefahrenen, seichten Gewässern unterwegs, als uns vom Leben fortspülen und formen zu lassen. Wir glauben zu leben, doch unsere Vorstellung vom Leben ist eine «Illusion», die uns leer zurücklässt. Und je länger wir in diesem Zustand verharren und uns selbst einreden, dass das Leben «halt so ist», desto schwieriger wird es, uns daran zu erinnern, was es bedeutet, wirklich lebendig zu sein. Und doch ist es nie zu spät dafür.

Dieses Buch ist dein Weckruf. Genauso, wie ich meinen Weckruf gehört habe, möchte ich dir nun die Chance geben, deinen Weckruf zu vernehmen. Wenn du nur die kleinste innere Reaktion verspürst, eine Sehnsucht, ein Ziehen, eine innere Stimme, die dir sagt, dass du dieses Buch nicht nur lesen, sondern dich auch davon berühren lassen solltest, dann ist das DEIN Ruf.

Es ist nicht das Ende deiner Reise, es ist der Beginn.

Wir denken immer, dass wir noch viel Zeit haben. Dabei ignorieren wir jedoch unsere Endlichkeit, die uns die größten Geschenke offenbart.

Warum Berührung heilt

Wenn du etwas hörst, liest oder erkennst, stellt sich dadurch nicht automatisch Veränderung in deinem Leben ein. Für nachhaltige, tiefe Veränderungsprozesse braucht es eine emotionale Berührung. Das ist auch der Grund, warum dieses Buch einige sehr persönliche Textnachrichten enthält, die ich vor Jahren mit einem besonderen Menschen ausgetauscht habe. Da ich Schweizerin bin, habe ich die Texte vom Schweizerdeutschen ins Hochdeutsche übersetzt und Emoticons weggelassen, damit sie lesbarer werden. Ansonsten sind sie echt und ungeschönt. Sie sind in der Zeit entstanden, von der ich dir noch erzählen werde.

Atme einmal tief durch. Bist du bereit für meine Geschichte?

1. TEIL
MEIN WEG

Macht dich die Geschichte, die du dir erzählst, glücklich?

———

Wir alle haben unsere Geschichte. Unsere Hochs und Tiefs, unsere Herausforderungen, Rückschläge und Enttäuschungen. Einige Erfahrungen gehen tief, reißen uns auf und stellen alles infrage und auf den Kopf. Andere sind latent, permanent unsere Begleiter und reizen uns so lange, bis wir ein Thema in der Tiefe verstanden, verarbeitet und transformiert haben. Dann können wir es loslassen, müssen nicht mehr darauf reagieren und können unseren Frieden damit finden. Einige Erfahrungen heilen schneller, weil sie mehr an der Oberfläche stattfanden, und andere brauchen Jahre, bevor wir sie integriert haben. Alles, was uns im Leben passiert, formt unsere Persönlichkeit. Doch noch wichtiger als diese konkreten Erlebnisse sind die Bedeutungen, die wir den Dingen, Erfahrungen und Begegnungen zuschreiben, denn daraus konstruieren wir unsere Lebensgeschichte.

Die Geschichte, die wir uns auf diese Weise erzählen, kann sich auf unser Leben langfristig positiv oder negativ auswirken. In jedem Fall ist sie für uns wichtig, weil wir sie als unsere Wahrheit anerkennen.

Was, wenn die Geschichte, die du dir über dich, dein Leben, deine Möglichkeiten und Fähigkeiten erzählst, nicht wahr ist?

Falls du dir eine Geschichte erzählst, die dich unglücklich macht oder nicht mehr stimmig ist, dann steckst du in der Klemme.

Und genau da stand ich vor Kurzem auch.

In den letzten Jahren versuchte ich, meine Erfahrungen und Erlebnisse für mich innerlich so zu ordnen, dass sie für mich einen neuen Sinn ergaben. Denn meine Geschichte war lange Zeit einfach unerträglich und machte mich zutiefst unglücklich. Mein Leben fühlte sich an wie eine heruntergefallene Vase, die in tausend Stücke zerbrochen war. Ich ahnte schon, dass ich sie nie mehr so zusammensetzen konnte, wie sie ursprünglich war. Also starrte ich einige Wochen, vielleicht sogar Monate, wie gebannt auf die einzelnen Teile. Zwar konnte ich schemenhaft ein Muster darin erkennen, das definitiv da war. Doch ich wusste nicht, wie ich es in meine Geschichte so einweben konnte, dass ich auf meinem Weg weitergehen konnte.

Überall waren offene, schmerzende Fragen und Missverständnisse. Ich erkannte, dass vieles, was ich angenommen, interpretiert und zu meiner Realität – zu meiner Geschichte – gemacht hatte, auch eine andere Bedeutung haben könnte. Zuerst war ich zutiefst irritiert.

Dann wurde ich wütend und dann sehr, sehr traurig. Ich fühlte mich in einem luftleeren Raum, haltlos und orientierungslos. Denn wer bin ich, wenn die Geschichte, die ich mir über mich erzähle, nicht stimmt?

. . . .

UND WER BIST DU?

- O Welche Geschichten erzählst du dir über dich und dein Leben?
- O Was glaubst du, wer du bist und was du kannst?
- O Vielleicht erzählst du dir diese Geschichten schon dein ganzes Leben lang, obwohl sie dich klein und unglücklich machen?

Ein Rückblick:
Wie alles begann

Vor über zehn Jahren habe ich begonnen, mir regelmäßig Notizen über meine Gedanken, Gefühle, Wünsche, Ideen und Träume zu machen. Im Folgenden möchte ich dir einen kleinen Einblick geben, welche Gedanken, Hoffnungen und Ängste ich damals hatte, bevor mich das Leben mit den Erfahrungen konfrontierte, um die es in diesem Buch geht. Vielleicht wirst du dich an gewissen Stellen wiedererkennen und daraus eigene wichtige Erkenntnisse ableiten können.

Womöglich fragst du dich jetzt, wie ich überhaupt darauf kam, ein Notizbuch zu führen. Vor Jahren habe ich einmal irgendwo den Satz gelesen: «Erfolgreiche Menschen notieren ihre Gedanken.» Und ich dachte: Okay, das kann ich auch – und wenn ich erfolgreich werden will, warum nicht ausprobieren?

Daher möchte ich dich nochmals herzlich dazu einladen, falls du es noch nicht gemacht hast: Kauf dir ein Notizbuch und schreibe alles auf, was dich bewegt.

Ich möchte dich in diesem Buch auf meine Reise bis hierher mitnehmen und dir Einblicke gewähren in die verschiedenen Abschnitte meines Lebens. Ich möchte dir auch meine jetzige Sicht anbieten und dir erzählen, wie ich gewisse Dinge heute betrachten kann, was ich gelernt habe, welche Antworten ich auf meine Fragen gefunden habe und wie ich meinen inneren Frieden wiedererlangt habe.

Ich lag so oft falsch in meinem Leben. Ich habe mir das Leben unnötig schwer gemacht. Oft fühlte ich mich verloren und allein. Heute bin ich der tiefen Überzeugung, dass wir in uns und in Verbundenheit mit dem Leben einen Ausweg finden können. Natürlich bin ich mir bewusst, dass dieser Prozess nie aufhört und dass wir in jeder Minute unseres Lebens die Möglichkeit haben, uns weiterzuentwickeln. Du und ich – wir werden am Ende dieses Buches nicht mehr die Gleichen sein, und das ist das Mysterium des Lebens schlechthin!

Wer mich begleitet hat

Was mich vorangebracht und unglaublich unterstützt hat, waren unzählige gute Bücher. Ich bin, seit ich lesen kann, ein ausgesprochener Bücherwurm. Mir gab das Lesen immer die Chance, in fremde Leben, Köpfe, Länder und Geschichten eintauchen zu dürfen und von Menschen zu lernen, die andere Erfahrungen gemacht hatten als ich selbst. Für mich waren die Geschichten wie Zufluchtsorte, wenn meine eigene Welt Kopf stand, zu chaotisch, schmerzhaft oder unübersichtlich wurde und ich mich nach mehr Klarheit, Liebe, Erfolg und Sinn sehnte.

In meine Texte sind einige Ideen, Anregungen und Ansichten eingeflossen, die ich aus den Hunderten von Büchern gewonnen habe, welche ich bis anhin in meinem Leben gelesen habe. Vieles habe ich über all die Jahre in mein Denken integriert und zu meinem gemacht, aber die Quelle liegt bei unzähligen Menschen, die mich geprägt haben. Ohne all diese Menschen, die mir ihre Gedanken und Erfahrungen in ihren Büchern zur Verfügung gestellt haben, wäre ich heute nicht hier. Wir erschaffen einander. Und so wünsche ich mir, dass auch ich dir mit diesem Buch und mit meiner Geschichte einen wertvollen Einblick in meine Welt gewähren kann, der es dir ermöglicht, deine eigene Welt mit neuen Augen zu betrachten.

Die Wunde unserer Leistungsgesellschaft

Ich bin in einem der reichsten Länder der Welt geboren. Meine Familie hatte sich durch viel Eigenleistung und Einsatz einen soliden Platz im Mittelstand erarbeitet. Ab meinem siebten Lebensjahr hatte ich das Privileg, in einem Einfamilienhaus in einer kleinen ländlichen Siedlung in der Schweiz aufzuwachsen. Von außen betrachtet waren wir eine Bilderbuchfamilie. Meine Eltern, mein jüngerer Bruder und ich. Ich hätte es auf viele erdenkliche Arten schlechter treffen können, dessen bin ich mir bewusst. Und dennoch ist in meiner Kindheit eine riesige unsichtbare Wunde entstanden, die jahrelang unerkannt vor sich hin eiterte und permanent mein Leben beeinflusste. Ich kenne viele solcher Familien. Und ich habe schon als kleines Kind gespürt, dass dieser Schein irgendwie trügt, dass irgendetwas im Argen liegt. Natürlich konnte ich es damals nicht rational erfassen. Vielleicht war es gerade deshalb so schwer greifbar, weil alles perfekt wirkte.

Wie jedes kleine Kind habe ich mich dem Familiensystem angepasst. Ich habe gelernt, was von mir erwartet wird und was ich tun soll, damit ich geliebt werde, und was ich gefälligst zu lassen habe, wenn ich nicht bestraft werden will. Ich habe gelernt, die Bedürfnisse der anderen wichtiger zu nehmen als meine eigenen und allen gefallen zu wollen. Ich habe gelernt, zu leisten und zu funktionieren, damit ich gesehen werde. Ich habe gelernt, dass ich nur etwas wert bin, wenn ich Leistung bringe oder gut aussehe, im Idealfall beides zugleich. Heute erkenne ich, dass meine Eltern absolut ihr Bestes gegeben haben und aufgrund ihrer eigenen Wunden nur das weitergeben konnten, was sie an Leere und Schmerz mit sich herumgetragen haben. Heute empfinde ich Mitgefühl für uns alle. Heute kann ich diese Wunde und den Weg, auf den sie mich geführt hat, als Geschenk annehmen. Es war ein langer und teilweise schmerzhafter Prozess, aber er hat sich gelohnt.

«Er-wachsen»-Sein als ultimatives Entwicklungsziel

Nach dieser Geschichte, von der ich dir noch erzählen werde, kam ich an einen Punkt, an dem ich mir zum ersten Mal wirklich Hilfe geholt habe. Ich nahm mir für zwei Wochen eine Auszeit, um mich intensiv mit meinen Themen auseinanderzusetzen. Meine Therapeutin, die ich in jener Zeit täglich sah, war eine erfahrene, wahnsinnig scharfsinnige, gebildete und empathische Frau mit viel Lebenserfahrung. Sie erklärte mir, dass das ultimative Therapieziel sei, ER-WACHSEN zu werden. Was sie damit meinte, erklärte sie mir auch: Wir sollten alle lernen, uns selbst die Mutter oder der Vater zu werden, die oder den wir uns immer gewünscht haben. Sie sagte: «Wachse so tief in dich hinein, dass du lernst, dir all das, was dir gefehlt hat, selbst zu geben, und du bist frei.»

Indem wir ER-WACHSEN werden, befreien wir uns und unsere Eltern aus der Opfer-Täter-Beziehung und übernehmen schlussendlich Verantwortung für unser Leben. Wir werden fähig, unser Leben unabhängig von unserer Kindheit selbstwirksam zu gestalten. Dann gibt es keine Ausreden mehr, nach dem Motto: «Ich bin so, weil meine Eltern in meiner Kindheit ...» Wir können uns endlich befreien und unser Leben leben!

Bevor wir das allerdings können, müssen wir unsere Wunden erforschen. Denn wenn uns nicht bewusst ist, was uns gefehlt hat, können wir es uns auch nicht selbst geben und diese Wunden heilen.

ICH MÖCHTE DICH DAZU EINLADEN, DIR EIN PAAR FRAGEN ZU STELLEN:

- Wie war das Klima in deiner Ursprungsfamilie?
- Wie bist du aufgewachsen?
- Welche Werte hast du von deinen Eltern mitbekommen?
- Wann wurdest du gelobt?
- Wann getadelt?
- Was hast du gelernt, wann du gut bist?

Ich leiste, also bin ich

Ausgestattet mit einem frühkindlichen Leistungs-
programm, das unglaublich tief in mir verankert war,
stampfte ich also los in die Welt. Zu dem Zeitpunkt war ich
unfähig zu erkennen, welches Programm in mir unbewusst
ablief. Und dennoch gab es zu jeder Zeit in mir auch etwas
Echtes, Ungebrochenes, etwas noch Tieferes, das nie ganz
erlosch. Es wirkte auf meinem Weg wie ein unsichtbarer
Kompass und gab mir Hinweise, wohin meine Reise gehen
sollte. Obwohl ich mich einerseits sehr gut in die Rolle der
Leistungstochter hineinbegeben konnte, schlummerte in
mir eine unbändige Sehnsucht nach einem anderen Leben.
Zugleich trug ich eine unglaubliche Wut in mir, da ich die
Diskrepanz zwischen meinen Wünschen und meiner Realität durchaus spürte. So kam es, dass ich sehr früh von zu
Hause auszog, weil ich es nicht mehr aushielt, in einem
goldenen Käfig gefangen zu sein. Ich hatte keine Ahnung,
was da in mir wirkte, wo ich genau hinwollte und was
dieses Losreißen von meiner Ursprungsfamilie für mich
bedeuten würde. Ich wollte mich von allem befreien, was
ich bis anhin gekannt hatte und auch in mir trug.

Dieses Losreißen war rückblickend wichtig für mich, aber
auch sehr einschneidend, denn es hatte verschiedene
Konsequenzen. Unwissentlich ließ ich meine Kindheit von
einem Tag auf den anderen zurück, obwohl ich noch lange
nicht ER-WACHSEN war. Mein inneres Programm wurde in
der neuen Lebenssituation umso mehr getriggert und akti-
viert, denn jetzt galt es, selbst für mich zu sorgen, um zu
überleben.

Der Preis für
den Überlebenskampf

Noch vor einigen Jahren hätte ich mein Leben sicherlich mit dem Hauptwort «Kampf» beschrieben. Tatsächlich empfand ich mein Leben über lange Strecken hinweg als Kampf, den ich nicht ungern gekämpft habe. Getrieben von innerer Unzufriedenheit, Unsicherheit und dem Wunsch nach Veränderung, hoffte ich doch, mein Leben in den Griff zu bekommen und es so zu gestalten, wie ich es mir wünschte. Ich war neugierig, wissbegierig, dickköpfig, wenn ich mir etwas in den Kopf gesetzt hatte, und wollte immer mein Bestes geben und keine Zeit verschwenden. Inspiriert von den Büchern, die mich ermutigten, mein volles Potenzial auszuschöpfen und erfolgreicher zu werden, preschte ich mit Vollgas durch mein Leben. Ich habe in diesen Jahren sehr viel erlebt, gelernt und war gesegnet mit enormer Energie. Nur habe ich diese Energie im Kampf gegen all das eingesetzt, was ich nicht wollte, anstatt die Realisierung meiner Wünsche voranzutreiben. Denn was ich mir wünschte, wusste ich damals selbst nicht genau.

Diese Strategie hatte mehrere Nachteile: Mein Leben war unglaublich anstrengend und häufig frustrierend. Wenn die Dinge, trotz meines hohen Aufwands, sich anders entwickelten, als ich es mir vorstellte, fühlte ich mich hilflos und ausgeliefert, unverstanden und auch oft allein. Denn um Hilfe zu bitten, war etwas, das mir damals als Schwäche vorgekommen wäre. Also sah ich darin keine Option. Doch wer immer kämpft und sich permanent unter Druck setzt, hat nur wenig Zeit, um bewusst zu leben, das Leben zu genießen und sich von den Anstrengungen und Strapazen auch wieder zu erholen.

Diese innere Haltung, sich über längere Zeit wenig zu gönnen und dann übermäßig zu kompensieren, sich zu immer größeren Leistungen zu zwingen und innerlich anzutreiben, gehört zum klassischen «Leistungsgesellschaftsprogramm», genauso wie die Einstellung, dass man alles alleine schaffen muss und niemanden braucht. Ich hielt den Schein aufrecht, wie ich es gelernt hatte.

Das Erstaunliche an dieser Lebensstrategie ist, dass sie unglaublich lange funktioniert. Und nicht nur das! In unserer Leistungsgesellschaft ist sie auch hoch angesehen, denn immer noch gilt: Wer mehr leistet, ist mehr wert. Den eigenen Wert über Leistung zu definieren, ist daher ein weitverbreitetes Phänomen. Aber was ist langfristig der Preis dafür? Das Problem dieser Strategie ist: Sie wird uns über kurz oder lang auslaugen oder sogar krank machen.

Vielleicht kennst du das auch von dir, mindestens in einer abgeschwächten Form. Oder du hast Menschen in deinem nahen Umfeld, die nach dem Leistungsprinzip «funktionieren». Doch dieses «Funktionieren» ist genau das Problem. Denn ständiges Funktionieren kommt einer Maschine gleich, nicht aber einem fühlenden, lebendigen Wesen, das sich permanent verändert und im Fluss des Lebens schwimmt.

Der größte Nachteil dieser Strategie ist: Sie lässt uns überleben, aber nicht wirklich leben und bringt uns somit nie dahin, wo wir eigentlich hinwollen. Wenn wir es einmal zulassen würden, still zu werden und in uns hineinzuhorchen, dann müssten wir uns ehrlicherweise eingestehen, dass wir uns eigentlich etwas anderes in unserem Leben wünschen. Doch diese Stille lassen wir nie zu, weil wir glauben, sie nicht aushalten zu können. Und dadurch vergessen wir immer mehr, was wir uns einmal gewünscht haben, und entfernen uns von dem, was unser Leben wertvoll macht.

Wir sind alle einzigartig. Doch in unseren Gefühlen, unseren Träumen und unserem Schmerz unterscheiden wir uns niemals so sehr voneinander, wie wir häufig glauben. Wir wünschen uns echte Freundschaften, eine Familie und Liebe. Wir wünschen uns finanzielle Sicherheit, stabile Beziehungen und gleichzeitig Freiheit, auch wenn die Bedeutung von «Freiheit» für jeden von uns variieren kann. Wir möchten gerne erfolgreicher und wirksamer sein in dem, was wir tun. Unser Tun soll an sich einen Sinn entfalten, wie auch immer dieser im Einzelfall aussehen mag. Wir möchten leben, wir möchten uns gut fühlen. Wie und ob wir all diese Wünsche, Träume und Ziele erreichen, ist natürlich von Mensch zu Mensch verschieden, aber in der Tiefe sind wir uns viel ähnlicher, als wir oft glauben.

DENKE EINMAL ÜBER DEINE JETZIGE SITUATION NACH:

○ Welche drei bis fünf Wörter beschreiben dein aktuelles Leben?

Wiederentdeckung
der inneren Räume

Erst als ich mich mit Meditation und Entspannungs-
übungen zu beschäftigen begann, erlebte ich nach
langem Ausprobieren wieder erste kurze Momente der
Stille. Diese konnte ich anfangs nur schwer aushalten.
Denn ich war es so sehr gewohnt, immer aktiv zu sein,
dass ein Teil von mir wirklich glaubte zu sterben, wenn
ich einmal für einen Moment innehielt. Und gleichzeitig
sehnte sich ein anderer Teil in mir unglaublich stark
nach Ruhe, nach nährender Stille, Geborgenheit, Ent-
spannung und Erholung. Nur deshalb habe ich jahrelang
nicht aufgegeben, diesen ruhigen Ort in meinem Inneren immer wieder zu suchen und zu erleben. Ich spürte
sehr wohl, dass sich in mir eine tiefe, bleierne Müdigkeit
und Erschöpfung breitgemacht hatte.

Wenn du dich auch nur annähernd in meiner Beschreibung
wiedererkennst, ist es durchaus möglich, dass du dich
ebenfalls permanent beschäftigst und dafür vermutlich
noch Bewunderung im Außen erfährst. Vielleicht spürst
du aber bereits einen anderen Teil in dir, der erschöpft ist
und sich nach Ruhe sehnt. Diesen Teil in dir möchte ich
gerne ansprechen.

Deshalb möchte ich dir eines ans Herz legen: Fange
damit an, dir fünf Minuten Ruhe in deinen Alltag einzu-
bauen, und lerne zu entspannen, völlig egal mit welcher

Methode. Vielleicht erlebst du es zunächst als unangenehm oder mühsam. Aber gib nicht auf, bis du die verborgenen inneren Räume in dir wiederentdeckst.

Nur wenn wir es schaffen, uns diese inneren Räume wieder zu erschließen, ist es uns möglich, aus der Tiefe heraus an unsere Wünsche heranzukommen. Sie sind immer da, du musst nur – wie bei einem Radio – den richtigen Sender einstellen.

«Meditation is a surrender, it is not a demand.
It is not forcing existence your way,
it is relaxing into the way existence wants you to be.
It is a let-go!»

Osho

Meine Herzenswünsche

Als die Geschichte begann, von der ich dir noch erzählen werde, war ich himmelweit von dem Leben entfernt, welches ich mir für mich vorgestellt und gewünscht hatte. Meine Herzenswünsche standen jedoch klar vor mir: Ich wollte eine erfüllte Liebesbeziehung führen, lebendige Freundschaften pflegen, mich selbst kennen und annehmen können, so wie ich bin, in einem sinnerfüllten Beruf arbeiten, darin erfolgreich sein und etwas bewirken können.

Ich fragte mich, wie ich all das erreichen könnte. Und damit startete mein innerer Prozess zu mir selbst.

Ich habe unzählige Notizbücher vollgeschrieben und mir zu den verschiedensten Lebensbereichen wichtige Fragen gestellt. Denn wie sollte ich etwas in meinem Leben kreieren und aktiv erschaffen, wenn ich gar nicht wusste, was ich wollte?

In diesem Buch möchte ich dir nun die besten meiner Fragen häppchenweise präsentieren. Ich lade dich dazu ein, dir diese Fragen ebenfalls zu stellen und sie für dich selbst zu beantworten. Es ist völlig egal, wie alt du bist und an welchem Punkt du in deinem Leben gerade stehst. Wichtig ist zunächst, dass du für dich selbst klärst, was du dir wünschst. Ich bitte dich, tief ein- und auszuatmen und dir zu erlauben, die Antworten in deinem Innern aufsteigen zu lassen. Lass dich von deinen

Antworten berühren und notiere sie dann. Vielleicht hast du noch absolut keinen blassen Schimmer, wie du dir das Gewünschte in deinem Leben erschaffen sollst. Begrenze dich dadurch bitte nicht, sondern schreibe alles auf, was dir einfällt, auch wenn du es momentan für unrealistisch hältst. Mir sind schon viele Dinge widerfahren, die ich nie im Leben für möglich gehalten habe. Gehe von dem Standpunkt aus: Was, wenn alles möglich wäre?

EINIGE WICHTIGE FRAGEN ZU DEINEN WÜNSCHEN:

- ○ Weißt du, was du dir in den wichtigsten Bereichen deines Lebens wünschst?
- ○ Was hättest du gerne mehr in deinem Leben? (Hilfe: Was hast du schon als Kind/ Teenager mit Freude getan? Was würdest du tun, selbst wenn du kein Geld dafür erhalten würdest?)
- ○ Wovon hättest du gerne weniger in deinem Leben?
- ○ Hattest du schon einmal den Mut, es aufzuschreiben oder es sogar mit einem dir nahestehenden Menschen zu teilen?
- ○ Falls nicht, frage ich dich: Worauf wartest du?

Das Problem ist, dass wir häufig denken, wir hätten noch genügend Zeit. Und vielleicht sind wir sogar so gesegnet, dass es tatsächlich stimmt. Aber was, wenn nicht?

Das Leben spielt jetzt dein Lied. Um welches Lied es sich handelt, das ist zu einem großen Teil deine Entscheidung. Es geht um die Intensität und Qualität deines Lebens. In Anbetracht dessen hat die Zeit eine geringere Bedeutung.

Erlaube dir, groß und größer zu denken. Ja, es kann sein, dass nicht alle deine Wünsche in Erfüllung gehen oder dass sie sich auf andere Art und Weise realisieren, als du es dir jetzt denkst. Aber das Leben ist viel größer als alles, was wir uns überhaupt vorstellen können, und die Einzigen, die uns begrenzen, sind wir selbst, wenn wir uns viel kleiner machen, als wir tatsächlich sind. Also male dir dein schönstes, freistes, intensivstes, erfolgreichstes, bis an den Rand mit Liebe gefülltes Leben aus und ziehe es in Betracht, dass es sogar noch besser werden könnte. Wer um alles in der Welt hat dir eingeredet, dass das nicht geht?

Meine Kämpfe

Heute gehe ich davon aus, dass gute Fragen zu den kraftvollsten Werkzeugen gehören, um Veränderungen im Leben zu erreichen. Denn wer sich keine Fragen stellt, findet keine Antworten. Und wer sich keine guten Fragen stellt, findet keine guten Antworten.

Ich wusste lange nicht, was ich mir wirklich wünschte, und erst recht nicht, wie ich es bekommen sollte. Also fing ich mit den Dingen an, die ich nicht mehr in meinem Leben haben wollte. Denn diese kannte ich nur allzu gut, weil ich ja ständig gegen sie ankämpfte.

Damals hatte ich noch nicht verstanden, dass mich diese permanente Auflehnung nur unnötig Kraft kostete. Ich hatte auch nicht erkannt, dass ich den unliebsamen Themen und Dingen stets neue Energie zur Verfügung stellte, indem ich mich mit aller Kraft gegen sie stemmte. Heute sehe ich es deutlich und kann liebevoll über mich selbst schmunzeln, auch dann, wenn ich wieder einmal in mein altes Muster zurückfalle. Es ist eine wichtige Lektion, die ich inzwischen zu schätzen weiß. Ich habe es wirklich ausgereizt und mich immer wieder vehement gegen das Bestehende aufgelehnt. Wahrscheinlich habe ich diese Kämpfe gebraucht, sonst hätte ich die Lektion nicht so tief verstanden und erfahren. Dann wäre ich jetzt auch nicht fähig, diese Erkenntnis immer mehr in mein Leben zu integrieren.

Mein Kampf gegen mich

Ich hatte nicht gelernt, mich so anzunehmen, wie ich bin, und mich wertvoll zu fühlen. Nicht einmal dann, wenn ich nach allen Regeln der Kunst funktionierte, wie man es von mir erwartete.

Ich befand mich ständig im Optimierungswahn. Ich wollte geliebt, wertgeschätzt und akzeptiert werden. Natürlich hatte ich schon unzählige Male gelesen, dass man sich selbst so behandeln sollte, wie man es sich von anderen Menschen wünscht. Aber ich konnte es einfach nicht. Meine innere Kritikerin war permanent aktiv. Alles, was in meinem Leben nicht rundlief, stärkte in mir die Annahme, dass mit mir etwas nicht stimmte. Und davon gab es immer reichlich.

Schlechte Noten nährten in mir den Glaubenssatz, dass ich zu dumm und zu faul sei. War nicht jeder Mann von mir begeistert, lag es an meiner Figur und an meiner Persönlichkeit. Ich besaß viele unbewusste Sabotage-programme und trug eine große innere Leere mit mir herum. Wenn mich tatsächlich mal jemand mochte und die Schönheit in mir sah, konnte ich das nicht annehmen. Ich stieß die Männer von mir weg, manipulierte alle Beziehungen, bis sie zerbrachen. Oder ich zog von Anfang an Männer an, die mich nicht sehen konnten, um mit meinen inneren Programmen stimmig durchs Leben gehen zu können. Entsprechend war auch meine Kommunikation manipulativ und meine Gedanken-konstrukte waren destruktiv. So bewies ich mir immer wieder selbst all das, was ich eh schon Schlechtes über mich glaubte. Ich lebte in meiner selbst erschaffenen Hölle, die ich, trotz meiner immensen Bemühungen, oft als unveränderbar erlebte. Ich steckte in einem Teufelskreis fest.

Es ist das größte Geschenk, wenn Eltern ihren Kindern bereits im frühen Alter vermitteln, dass sie okay sind, egal was sie tun oder nicht tun, egal wie sie aussehen, einfach, weil sie liebenswerte Wesen sind.

Auf die Gefahr hin, dass du dich vielleicht dagegen sträuben wirst: Ich bin der tiefen Überzeugung, dass du schon vieles unglaublich gut in deinem Leben gemeistert hast, ohne es selbst zu sehen. Du bist wertvoll. Du bist ein Wunder. Doch das zu erkennen, ist nicht immer einfach.

Es ist okay, wenn du dich bisher anders eingeschätzt hast. Aber fange jetzt damit an, einen anderen Weg zu gehen.

MEINE FRAGEN AN DICH:

- Wie würdest du die Beziehung zu dir selbst beschreiben?
- Was magst du an dir?
- Was lehnst du noch an dir ab?
- Kannst du dich so annehmen, wie du bist?
- Kannst du dir für diesen einen Moment dein Mitgefühl schenken?

Ein Buch-Tipp: Wie radikale Selbstliebe unser Leben revolutioniert, zeigt Veit Lindau in seinem Buch «Heirate dich selbst» (2013).

....
«Respect yourself, love yourself,
because there has never been a person like you
and there never will be again.»
....
Osho

Mein Kampf gegen meinen Körper

Den größten Teil meines Lebens führte ich einen Kampf gegen mein körperliches Erscheinungsbild. Ich konnte mich kaum im Spiegel betrachten und tat es dennoch bei jeder Gelegenheit, um ja mitzubekommen, falls etwas mit meinem Aussehen nicht stimmte.

Ich atmete flach, um einen flachen Bauch zu haben. Ich wollte immer schlanker sein, als ich war. Ich dachte: Würde ich nur die Figur haben, die ich mir vorstellte, würde alles besser werden. Ich fühlte mich nicht wohl in meinem Körper, nicht frei. Ich war ständig mit der Frage beschäftigt, was ich essen sollte und wie sich meine Nahrung auf meine Figur auswirken würde. Ich wollte meinen Körper dazu zwingen, endlich so auszusehen, wie ich es mir im Idealfall vorstellte. Dabei missachtete ich die Schönheit und Komplexität meines Körpers komplett. Ich übersah, dass er mir all die Jahre mit allem zur Verfügung stand, was er zu bieten hatte, und immer sein Bestes gab.

Die gestörte Beziehung zu meinem Körper, der ständige Kampf mit meiner Figur und gegen das Essen führten zu einem ungeheuren Leidensdruck. Mit ziemlicher Sicherheit zog ich daraus den Antrieb, mich nicht nur privat, sondern später auch beruflich mit den Themen «Körperbild und Körpergefühl», «Ernährung und Training» auseinanderzusetzen. Und das Schöne daran ist: Ich habe wirklich Frieden damit gefunden.

WIE IST ES BEI DIR?

- ○ Wie beschreibst du die Beziehung zu deinem Körper?
- ○ Kannst du deinen Körper spüren?
- ○ Siehst du das Wunder?
- ○ Kannst du erkennen, welche Erfahrungen er dir ermöglicht?

Mein Kampf gegen die Sinnlosigkeit in meinem Leben

Ich habe mich schon in jungen Jahren oft gelangweilt, vorwiegend bei alltäglichen sozialen Gesprächen, die du sicher auch gut kennst. Floskeln nach dem Motto: «Hallo, wie geht's?», gefolgt von belanglosen, geschönten Antworten und Diskussionen über das Wetter, mögen ihre soziale Berechtigung haben und sind wichtig, um Erstkontakte zu knüpfen und sich gegenseitig zu beschnuppern. Aber die Wahrheit ist: Solche Gespräche haben mich immer leer zurückgelassen und ich habe sie stets als Zeitverschwendung empfunden. Lange dachte ich, dass etwas mit mir nicht stimmt. Deshalb versuchte ich, mich anzupassen und das Spiel mitzuspielen, was ich sehr gut konnte. Doch in solchen Gesprächen schien es mir, als wäre das Leben fade und farblos und als hätte es die Tiefe einer Pfütze.

Die wilde, bunte, intensive Welt, die ich in mir trug und in meinem Inneren wahrnahm, konnte ich zwar auch in speziellen Momenten mit anderen Menschen erleben, doch meist existierte sie nur in meiner Fantasie. Und das machte mich sehr traurig und still. Immer seltener gab ich von dieser Welt etwas preis. Stattdessen vergrub ich sie tief in mir, während ich an der Oberfläche die Erwartungen der anderen erfüllte. Zudem hatte ich schon als kleines Kind einen «Sensor» für Unwahrheiten. Ich bemerkte es, wenn die Menschen sich Dinge erzählten, ohne dass sie selbst in der Tiefe daran glaubten.

Dennoch wollte ich mir meine innere Welt bewahren und weiterhin im Außen danach suchen. Irgendwann habe ich erkannt, dass man dem Leben auf verschiedenen Ebenen begegnen kann und dass jeder Mensch selbst entscheiden kann, ob er lieber an der Oberfläche oder in der Tiefe das Leben sucht und wie weit er dabei gehen will. Ich brauchte noch viele weitere Jahre, um herauszufinden, wie ich diese tiefe Verbindung zum Leben bewusst kreieren kann, um sie immer wieder zu erleben, wenn ich sie brauche. Heute ist es mir sogar möglich, im ganz normalen Alltag mit dieser Tiefe verbunden zu sein und mich von ihr nähren zu lassen. Ich habe gelernt, wie ich sozial verträglich mit anderen Menschen in Kontakt treten kann und wie ich erkenne, wann jemand bereit ist, mit mir in diese Tiefe einzutauchen. Jeden dieser Momente feiere ich aus tiefster Freude.

Irgendwann gab es einen Punkt in meinem Leben, da verstand ich, dass ich nicht anders sein konnte. Denn es war mein Wesen, das ich akzeptieren musste. Und ich brauchte Antworten auf meine Fragen. Damit war der Grundstein meiner Suche gelegt.

Rückblickend kann ich sagen: Das Leben hat meine Fragen und meinen Wunsch gehört. Es hat mir in dem Maß, wie ich es tragen konnte, Menschen, Situationen und Erfahrungen geschenkt, die meinem Wunsch, dem Leben immer mehr zu begegnen, entsprachen.

Ich war irgendwie schon immer eine Suchende. In früheren Jahren beneidete ich die Menschen, die einfach mit dem zufrieden waren, was der Alltag ihnen bot: Schule, Arbeit, Beziehung, Hochzeit, Kinder. Ich wollte immer mehr. Von allem. Nirgends um mich herum sah ich Beziehungen, wie ich sie mir wünschte. Ich sah nicht die Lebendigkeit, nach der ich mich sehnte. Ich sah nicht die Begeisterung und Erfüllung in einer Arbeit, wie ich sie mir vorstellte. Und wenn ich mit anderen Menschen sprach, wurde mir oft gesagt, dass ich zu viel wollte. Ich solle einfach einer Arbeit nachgehen und Punkt. Das habe ich nie für mich verstanden: Wie kann man so viel

Lebenszeit mit einer Tätigkeit verbringen, die einem keine Freude macht?

Wenn mir andere Menschen solche Sätze an den Kopf warfen, dann traf mich das mitten ins Herz, auch wenn ich es meist nicht zeigte. Es tat mir physisch weh. So als ob die Welt, die ich in mir trug, keine Berechtigung hätte und nicht existieren könnte. So als ob ich von einem anderen Stern hier gelandet wäre, ohne Aussicht darauf, all das ausleben zu können, was ich in mir trug.

Wenn du dieses Buch bis zu dieser Stelle gelesen hast, ohne es auf die Seite zu legen, beschäftigen dich wahrscheinlich ähnliche Fragen.

O Hast du dir schon einmal überlegt, wie tief du dem Leben begegnen möchtest?
O Und was bedeutet das für dich genau?

Wichtiger Hinweis: Für solche Fragen brauchst du einen entspannten Geist, denn dein Kopf kann darauf nicht alleine antworten. Nimm dir Raum in einem ruhigen Moment, setz dich vor ein leeres Blatt Papier und lass die Fragen auf dich wirken. Wenn du mit Meditation vertraut bist, dann meditiere über diese Fragen. Nimm dir danach ein leeres Blatt und lass die Antwort durch deine Hand einfach auf das Papier fließen. Lass deine

Hand schreiben, bis nichts mehr kommt, und lies dir erst hinterher durch, welche Antworten sich dir offenbaren.

Mein Kampf um finanzielle Sicherheit

Wer sich selbst nicht achtet und WERTschätzt, ist permanent im Mangel unterwegs und hat wahrscheinlich oft Mühe, Geld zu verdienen, es anzunehmen und zu behalten. Dadurch dass ich schon in jungen Jahren von zu Hause ausgezogen bin und sehr früh damit begonnen habe, für mich selbst aufzukommen, war Geld lange Zeit ein großes Thema bei mir. Rückblickend ist es mir schleierhaft, wie ich in einigen Abschnitten meines Lebens finanziell über die Runden gekommen bin. Auch das war ein permanenter Kampf, mal präsenter, mal weniger präsent. Natürlich war es auch ein Treiber, der mich zu Höchstleistungen anspornte, denn Existenzängste sind nun mal sehr einnehmend und furchteinflößend. Auch kam hinzu, dass ich um jeden Preis selbstständig und unabhängig durchs Leben kommen wollte. Nur im äußersten Notfall, kurz vor den größten Erschöpfungszuständen, war ich bereit, Unterstützung anzunehmen. Dadurch dass ich nicht einfach einen Job machen wollte, um Geld zu verdienen, durfte ich mich sehr lange mit diesem Thema auseinandersetzen. Meine berufliche Selbstständigkeit, die sich erst später entwickelte, zeigt mir bis heute immer wieder auf, wo ich mit diesem Thema noch nicht ganz im Reinen bin und wo ich noch tiefer hinschauen darf.

ÜBERLEGE EINMAL FÜR DICH:

- O Woran machst du deinen Wert fest?
- O Was denkst du über Geld?
- O Gestehst du es dir zu, gutes Geld zu verdienen?

Mein Kampf um ein Zuhause

Ich sehnte mich all die Jahre unglaublich nach einem Zuhause. Einerseits nach einem physischen Ort, an dem ich mich zu Hause fühlen konnte, andererseits nach Menschen, die mir das Gefühl von Zugehörigkeit vermittelten. Ich wollte jemandem wichtig sein und verstanden werden, ohne mich verstellen zu müssen.

Ich hatte einmal das Glück, dieses Gefühl in der Begegnung mit einem Menschen erleben zu dürfen und für einen kurzen Moment zur Ruhe zu kommen. Diese Beziehung war enorm wichtig für meinen weiteren Weg. Als sie schließlich zerbrach, orientierte ich mich in den Jahren danach an dieser Erfahrung, um mir immer wieder in Erinnerung zu rufen, wonach ich eigentlich suchte. Für diese Begegnung bin ich bis heute unendlich dankbar.

Auch in Bezug auf diese Sehnsucht hatte ich schon viele weise Bücher gelesen, die mir sagten: «Finde dein

Zuhause in dir.» Ja, kognitiv hatte ich diese Botschaft durchaus verstanden. Gleichzeitig war ich unglaublich weit davon entfernt, diese Information von meinem Kopf in mein Herz zu holen, sie zu integrieren und leben zu können.

· · · · · · · · · · · · · · · · · · · ·

WIE IST ES BEI DIR?

- ○ Bist du in dir zu Hause?
- ○ Wo kämpfst du noch, um dazuzugehören?

«Be like an alone peak in the sky.
Why should you hanker to belong?
You are not a thing. Things belong!»

Osho

Mein Kampf um Liebe

Je weniger Liebe ich in mir trug, desto vehementer suchte ich sie im Außen, um die Leere zu füllen, die in mir wohnte. Eines ist mir mittlerweile bewusst geworden: Wir sollten nicht einem anderen Menschen diese Bürde auftragen, uns glücklich machen zu müssen. Denn dann ist der andere immer nur ein Kompensationsmittel für alles, was wir uns selbst nicht geben können. Und das funktioniert nie. Liebe können wir uns nicht verdienen. Wie soll eine Beziehung erblühen, wenn wir uns mit leeren Händen und einem versteinerten Herzen begegnen?

Heute weiß ich, dass meine damalige Vorstellung von Liebe viel zu klein war. Liebe ist so vielfältig, so verschieden, immer wieder einzigartig und so viel kraftvoller als alles, was wir uns vorstellen können. In unser beengendes Bild von Liebe passt eine so immense Kraft des Lebens nicht hinein.

. . . .

NIMM DIR ZEIT FÜR DIESE FRAGEN:

- ◯ Was denkst du über die Liebe?
- ◯ Wen oder was liebst du?
- ◯ Liebst du dein Leben?
- ◯ Wie tief kannst du lieben?
- ◯ Kannst du Liebe annehmen?
- ◯ Willst du noch tiefer lieben lernen?

«The moment love becomes attachment, love becomes a relationship. The moment love becomes demanding, love becomes a prison. It has destroyed your freedom, you cannot fly in the sky, you are encaged.»

Osho

Mein Kampf gegen die Traurigkeit

Auch lange vor der Geschichte, die ich dir noch erzählen werde, war ich oft traurig in meinem Leben. Daran kann ich mich gut erinnern. Auch wenn es mir in jüngeren Jahren nicht so bewusst war und ich nicht genau wusste, warum, genoss ich meine Traurigkeit auf eine paradoxe Art und Weise. Ich wollte sie natürlich gleichzeitig auch weghaben. Als ich jünger war, verlor ich mich regelmäßig in meiner Traurigkeit und machte ein Riesendrama daraus, bis ich mich fast komplett darin aufgelöst hatte. Vielleicht auch, weil ich damit allein gelassen wurde und Traurigkeit in unserer Familie auf konstruktive Weise keinen Platz fand. Die Außenwelt nahm ich dann nur noch durch einen Schleier wahr, fühlte mich teilweise tagelang wie in Watte gepackt und unerreichbar. Wie ein Geist wandelte ich durch diese Welt, bis mich etwas wieder an die Oberfläche holte. Vielleicht war es meine noch stärkere Sehnsucht nach tiefem, wildem Leben oder der Ruf des Lebens selbst.

Ich glaube heute, dass es einen Unterschied gibt zwischen echter Traurigkeit und einer künstlichen Form, in die wir uns hineinsteigern können. Echte Traurigkeit reinigt und befreit, wenn wir sie in unserem Herzen willkommen heißen und annehmen können. Mit der Zeit transformiert sie sich und auch uns, wenn wir sie kommen und wieder gehen lassen. Doch damals war ich nicht fähig, meine Traurigkeit bewusst willkommen zu heißen und zu fühlen. Weil sie nicht erwünscht war, versteckte ich sie tief in meinem Innern und hoffte, sie würde einfach so verschwinden. Was sie natürlich nicht tat.

Traurigkeit wird in unserer Gesellschaft leider allzu oft als etwas Negatives betrachtet. Gerne möchte ich dich dazu einladen, auch die Schönheit in der Traurigkeit zu entdecken. Heute ist meine Traurigkeit wie eine gute Freundin für mich. Meine Freundin ist schön. Denn sie ermöglicht mir in meinem Leben eine Tiefe, die allein in der Freude nicht erlebbar wäre. In dieser Welt leben wir nun einmal in einer Dualität, weshalb sich die Freude und die Traurigkeit gegenseitig bedingen. Immer wenn meine Freundin – die Traurigkeit – auftaucht, entschleunigt sie mich. Sie erinnert mich daran, dass hier etwas von Bedeutung passiert, und sie zeigt mir auf, dass ich das Mysterium des Lebens, die Schönheit verpasse, wenn ich nicht hinfühle und den Moment bewusst erlebe. Sie macht mir meine Endlichkeit deutlich und ermöglicht mir gleichzeitig, aufmerksam das Geschenk dieses Moments in der Tiefe zu erkennen und zu bergen.

ÜBERLEGE FÜR DICH:

- O Lässt du Traurigkeit in deinem Leben zu?
- O Kannst du sie einfach fühlen?
- O Wenn nicht: Ist es Zeit, deiner Traurigkeit mehr Raum zu geben, damit sie dich beschenken kann?

Mein Kampf gegen den Schmerz

Wenn ich heute zurückschaue, dann weiß ich, dass ich schon als kleines Mädchen ein sehr emotionaler, sensitiver Mensch war und eine ausgeprägte Intuition besaß. Irgendwann im Teenager-Alter hatte ich dann eine Entscheidung getroffen: Ich hatte mir beigebracht, meinen Kopf zum Alleinherrscher zu machen, alles zu durchdenken, zu analysieren und auseinanderzunehmen, damit ich so gut wie nichts mehr fühlen musste. Denn die Gefühle brannten teilweise wie Feuer in meiner Brust. Wut, Trauer und Einsamkeit überwältigten mich oft so stark, dass ich diesen Empfindungen schließlich abschwor und sie dann für viele Jahre einfach wegdrückte und ignorierte.

Natürlich hat diese Strategie nicht wirklich gut funktioniert, denn unter der Oberfläche wirkten die Gefühle weiterhin fort und drückten nach oben. Aber ich redete mir ein, dass sie nicht da seien, und vergaß mit der Zeit immer mehr mein wahres Wesen. Dafür zahlte ich den Preis meiner inneren Entfremdung über Jahre hinweg.

KENNST DU ÄHNLICHES AUCH VON DIR?

- ○ Welche schmerzhaften Ereignisse in deinem Leben versuchst du wegzudrücken?
- ○ Was, wenn du sie für einen Moment einfach fühlst?

Mein Kampf gegen die Zeit

Das Paradigma der Zeit, das wir in unserer Gesellschaft als Wahrheit anerkennen, hinterfragen nur die wenigsten von uns. Unser Alltag ist in unserem Kalender durchgetaktet, strukturiert und organisiert. Das Leben hat sich unseren zeitlichen Vorgaben anzupassen und unterzuordnen. Doch das Leben kennt keinen Takt, nur Rhythmen, Zyklen und Phasen. So gibt es Rhythmen wie Tag und Nacht, Ebbe und Flut, die Jahreszeiten und viele mehr. Wir gehen sogar so weit, dass wir bestimmte Lebensereignisse an einem speziellen Alter festmachen. Dieses künstlich erschaffene Zeitsystem ist absurd und macht uns auf die Dauer krank. Denn schon Einstein wusste, dass Zeit relativ ist. Und in der Tat: Eine Stunde kann sich wie eine Minute und eine Minute wie eine Stunde anfühlen. Auch die neusten Forschungen der Quantenphysik, beispielsweise die Entdeckung der Quantenverschränkung, für die im Jahr 2022 der Physik-Nobelpreis vergeben wurde, stellen unser Zeitsystem zunehmend in Frage.

Wir können in einem belastenden Ereignis stecken bleiben, egal wie lange es her ist, denn die Zeit allein heilt keine Wunden. Wir können der Vergangenheit nachtrauern und verpassen dadurch die Lebenszeit, die noch vor uns liegt. Wir können uns in Zukunftssorgen und Befürchtungen verlieren, die sich schlussendlich nie bewahrheiten werden. Das bedeutet, dass die Zeit, wie wir sie gesellschaftlich definieren, so nicht existiert. All die Glaubenssätze und fixen Vorstellungen, die wir über die Zeit haben, begrenzen und stressen uns. Darum sollten wir sie überdenken, denn sie kreieren viel Leid. Das Einzige, was existiert und daher zählt, ist immer der gegenwärtige Moment.

Meine irrtümlichen Annahmen über die Zeit wurden mir erst so richtig bewusst, als ich dem Menschen begegnete, von dem ich dir gleich noch erzählen werde. Denn die Zeit bekam durch diese Begegnung eine ganz neue Bedeutung. Sie schien mir plötzlich bedroht, viel zu knapp – und wie man es dreht oder wendet, aus menschlicher Sicht war sie schlussendlich zu kurz für ein so junges Leben.

Zuvor glaubte ich immer, ich hätte Zeit im Überfluss, denn ich war jung und fühlte mich unbesiegbar. Es war einer meiner falschen Glaubenssätze, die ich dann auch bewusst zu hinterfragen begann. Erst durch diese Erfahrung verstand ich einen Satz, den ich in das letzte Geschenk an meinen Freund eingravieren würde: * Time is now *

Heute kann ich jeden Tag als ein wertvolles, unbezahlbares Geschenk annehmen, wohl wissend, dass ich keine Ahnung habe, wie viel Zeit mir noch bleibt. Genau darum ist sie so wertvoll. Das sollten wir nie vergessen.

EINIGE FRAGEN AN DICH:

- ○ Was denkst du über Zeit?
- ○ Wo kämpfst du gegen sie an?
- ○ Woran hältst du fest, obwohl es bereits vergangen ist?
- ○ Für was wünschst du dir mehr Zeit?
- ○ Wann wünschst du dir, dass sie schneller vergeht?

Dein Kampf

Wogegen kämpfst du? Ich erlebe es tagtäglich, dass wir alle in irgendeiner Form, vielleicht versteckt und unbewusst, gegen irgendetwas in unserem Leben ankämpfen, auch wenn wir es nicht wahrhaben wollen. Der Preis, den wir dafür zahlen, ist die Energie, die wir dabei verlieren. Diese könnten wir anderweitig besser nutzen, indem wir uns mehr für die Menschen und Dinge in unserem Leben einsetzen, die uns wichtig sind.

ICH LADE DICH DAZU EIN, DIR FOLGENDE FRAGEN ZU STELLEN:

- O Erkennst du dich in einem oder mehreren Kämpfen wieder?
- O Wie ist das bei dir, wenn du ganz ehrlich zu dir bist?
- O Wogegen kämpfst du?
- O Was kostet dich dieser Kampf?
- O Was müsstest du fühlen, um diesen Kampf aufzugeben?

Sage nicht zu schnell: «Ich kämpfe gegen nichts.» Nimm dir für diese speziellen Fragen mindestens dreißig Minuten Zeit. Setze dich in Ruhe hin. Stelle sie dir immer wieder und beobachte, was da kommt.

Das Problem
mit dem Kämpfen

Ich war viele Jahre lang eine unglaublich ausdauernde Kämpferin und ich habe mich auf den verschiedensten Ebenen auf zahllose Kämpfe eingelassen. Inzwischen habe ich eines begriffen: Wenn wir GEGEN etwas kämpfen, geben wir den Dingen, die wir loswerden wollen, nur noch mehr Energie. Und es kann so weit kommen, dass wir dabei auf die eine oder andere Weise zugrunde gehen. Ich habe unglaublich lange gebraucht, diese Lektion nicht nur kognitiv zu verstehen, sondern sie auch in der Tiefe zu erfahren. Es war enorm kräftezehrend. Große Angst machten mir Fragen wie: Wenn ich aufhöre zu kämpfen, wer bin ich dann noch? Werde ich dann einfach gleichgültig? Gehe ich unter? Verliere ich alles? Die Antwort ist: Nein, natürlich nicht. Heute kämpfe ich FÜR die Dinge, die mir am Herzen liegen, mehr denn je, aber nicht mehr auf diese zerstörerische Art und Weise, sondern ich kämpfe den Kampf einer friedvollen Kriegerin. Immer öfters jedenfalls.

WIE IST ES BEI DIR?

O Bist du jetzt bereit, deinen Kampf für einen Moment loszulassen?

Die Verantwortung
liegt bei uns

Wir haben die Verantwortung, wie wir auf vergangene Erfahrungen reagieren und welche Bedeutung wir ihnen geben. Irgendwann in meinem Leben – den genauen Zeitpunkt kann ich dir ehrlich nicht mehr nennen – habe ich begonnen, wenn auch anfangs etwas widerwillig und skeptisch, Situationen, Menschen, Begegnungen, Umstände, Symptome und Krankheiten nicht mehr als «Gegner» oder «Pech» oder «Zufall» zu betrachten. In mir wuchs immer mehr das Gefühl, dass alles, was mir in meinem Leben begegnet, etwas mit mir zu tun hat, und dass ich dem nicht vollkommen willkürlich ausgeliefert sein muss. Natürlich wusste ich lange nicht, was ich mit diesem Gedanken anfangen konnte, und ich glaube bis heute, dass sich mein Verständnis davon noch weiter vertiefen und verändern wird.

Als ich mich für diese Sichtweise geöffnet hatte, konnte ich mit der Zeit auch auf konkrete Ereignisse zurückgreifen und musste mich nicht mehr auf ein subtiles Gefühl stützen. So wurde aus meinem Gefühl Schritt für Schritt eine überprüfbare Erfahrung. Ich fing an, alles, was mir widerfuhr, persönlich zu nehmen und die Situationen, Menschen und Umstände als meine persönlichen Lehrer zu sehen.

Irgendwo dort fing der Teil meiner Reise an, um den es in dieser Geschichte geht.

Auch wenn dir das vielleicht verrückt vorkommt: Wie wäre es, wenn du einmal davon ausgehen würdest, dass alles, wirklich alles, was in deinem Leben passiert, etwas mit dir zu tun hat und deiner persönlichen Entwicklung dienen soll?

Damit ist selbstverständlich nicht gesagt, dass wir die Zusammenhänge immer gleich erkennen und verstehen oder dass sie uns letztlich gefallen. Oft begreifen wir die Hintergründe, falls überhaupt, erst Jahre später.

Die Sichtweise kann vielleicht sogar zunächst befremdlich erscheinen. Mir ging es lange Zeit genauso. Aber lass dich einfach einmal – rein hypothetisch – auf diesen Gedanken ein: Alles, was dir in deinem Leben geschieht, hat seine Richtigkeit, weil es deiner persönlichen Entwicklung dient.

Du kannst gerne für dich überprüfen, ob dieser Gedanke für dich möglicherweise zutreffen könnte. Ich frage dich am Ende des Buches noch einmal, was du davon hältst. Einverstanden?

Mein größter Lehrer
und mein größter Kampf

Für mich sticht bis heute ein großer Lehrer aus meinem Leben heraus. Er hat zwar nicht den Anfang dieser Reise angestoßen, aber er hat meinen Entwicklungsprozess maßgeblich beschleunigt und geprägt. Dieser Lehrer war für meine Entwicklung und mein Leben wie ein Katalysator. Sein Feuer löste meine starren Konzepte, meine Begrenztheit, mein erstarrtes Herz und mein Ego immer mehr auf. Ich kämpfte den größten Kampf meines Lebens und ich habe lange Zeit gebraucht, ihn nicht mehr als verloren anzusehen.

Die Begegnung mit meinem Lehrer hat mich maßgeblich in der Tiefe erschüttert und verändert. Vielleicht hat ein ganz kleiner Teil in mir bis heute das Gefühl, ich hätte diesen wichtigen Kampf verloren. Dieser Teil in mir sucht möglicherweise noch immer nach dem «Fehler» und danach, was ich oder wir hätten anders machen können. Womöglich wird dieser Teil in mir nie ganz ruhen, aber er hat an Macht über mich verloren.

Es mag sich vielleicht etwas dramatisch anhören, doch genau so ist und war es auch für mich. Ich habe mich selbst oft gefragt, ob ich mir all diese Veränderungen, die ich in meinem Innern wahrnehme, nur einbilde. Aber es ist mehr als Einbildung, denn sonst wären die

Geschenke, die ich durch diese Begegnung und in der Zeit danach erhalten habe, nicht jeden Tag so präsent.

Darum nehme ich nun meinen Mut zusammen und schreibe diese Geschichte auf, für dich und für mich. Ich möchte noch tiefer verstehen, was das Leben mir mit diesem Lehrer und seinen Lektionen vermitteln wollte. Wenn du dadurch wachsen kannst, dann jubelt mein Herz. Und das Leben jubelt auch.

Ich schreibe diese Geschichte auch für meinen Lehrer auf, denn sein Weg war unglaublich mutig. Mein tiefster Wunsch ist es, dass dieses Buch uns allen dazu verhilft, das Leben noch tiefer zu erleben, die Schönheit und das Mysterium noch besser erkennen und genießen zu können. Insbesondere dann, wenn uns das Leben mit Dingen konfrontiert, die wir uns anders gewünscht haben.

Sich dem Leben zu verschließen, kreiert Leid

Wir haben solche Angst vor dem Leben, dass wir uns viele künstliche Regeln und Vorschriften erschaffen, um echte Begegnungen zu vermeiden. Wir haben Angst, dass uns jemand wirklich sieht, und sehnen uns gleichzeitig danach. Wir vermeiden Augenkontakt mit einem Fremden, weil wir vielleicht etwas in ihm entdecken könnten, das wir auch in uns nicht sehen wollen. Wir verstecken uns hinter unseren Smartphones, anstatt Gespräche zu führen oder dem Leben zu lauschen. Wir vermeiden den Kontakt zu uns und unserem Inneren und damit auch den Kontakt zu anderen. Was uns dabei entgeht, sind die Momente und Geschenke des Lebens, denen wir hinterher nachtrauern, wenn wir voller Reue erkennen, dass wir sie nicht gelebt, nicht geschätzt und nicht genossen haben. Doch anstatt diesen Schmerz und die Trauer zu fühlen, rennen wir weiter. Wir funktionieren, bis es für uns möglicherweise zu spät ist. Dabei töten wir in uns alles ab, was uns erst zu einem fühlenden, sinnlichen Wesen macht. Doch das Geschenk des Lebens ist Begegnung. Begegnung mit dir selbst, mit anderen und der Existenz. Dahinter steht eine Absicht: Wir sollen voneinander und miteinander lernen, kreieren, erblühen, das Leben feiern und uns weiterentwickeln.

Meine größten Ängste

Kurz bevor der bis anhin einschneidendste Abschnitt meiner Reise begann, schrieb ich meine größten Ängste für mich auf:

- O   Nie wahrhaftig geliebt zu werden
- O   Nie wahrhaftig tief lieben zu können
- O   Allein durch mein Leben zu gehen
- O   Nichts bewirken zu können
- O   Angst vor finanzieller Armut
- O   Nicht wirklich zu leben
- O   **Meine allergrößte Angst:** Den Tod eines mir nahestehenden Menschen mit ansehen zu müssen und nichts tun zu können

Zu diesem Zeitpunkt hatte ich bereits erkannt, dass ich in Sachen Liebesfähigkeit einiges aufzuholen und zu lernen hatte. Ich war fest entschlossen herauszufinden, wie man wahrhaftig liebt, und ich wollte es so lange üben, bis ich dazu fähig sein würde. Ich übe heute noch, aber es hat sich schon vieles verändern dürfen. Ich wollte die Liebe neu für mich definieren und herausfinden, was Liebe alles sein kann. Ich wollte sie so groß für mich verstehen lernen, dass es irgendwann egal sein würde, welche Form sie gerade in meinem Leben annahm, sodass ich mich zu jeder Zeit geliebt fühlen und lieben könnte. Ich sehnte mich nach einer tiefen Verbundenheit mit dem Leben, in der so etwas wie Allein-Sein zu ALLEINS-Sein werden könnte.

Es ist schon erstaunlich, dass wir bis heute über die wichtigsten Dinge im Leben nichts in der Schule lernen. Völlig unvorbereitet sind wir bereits in jungen Jahren in alten Mustern gefangen und treten so unsere Suche nach der Liebe an.

Die Frage nach meinem Beitrag oder meiner Wirkung in dieser Welt stellt sich bis heute immer wieder neu. Es ist ein Paradoxon, mit dem ich mittlerweile zunehmend besser leben kann. Wir sind aus einer größeren Perspektive betrachtet klein und unbedeutend. Gleichzeitig können ein Lächeln, ein nettes Wort oder vielleicht dieses Buch für einen Menschen die Welt bedeuten. Und dann hat es sich bereits gelohnt.

Wir können immer alles im Leben verlieren. Aber mein Vertrauen darauf, dass es einen Weg geben wird, ist in all den Jahren gewachsen.

Die letzten beiden Ängste, die ich oben notiert habe, sind Teil meiner Geschichte, von der ich dir in diesem Buch erzählen werde.

WIE IST ES BEI DIR?

- Kennst du deine größten Ängste?
- Bist du so mutig, sie dir aufzuschreiben?
- Kannst du deine Ängste einfach einmal fühlen?
- Was könntest du heute tun, dass sie möglicherweise nie Wirklichkeit werden müssen?

Meine Herzensmusik

Der spirituelle Lehrer Osho sagte einst: Unser Herz ist ein Musikinstrument, welches eine ureigene, wundervolle Musik in sich trägt. Diese Musik beginnt in unserem Herzen zu spielen, ausgelöst durch die Liebe. Osho rät uns: Suche immer tiefer und tiefer in die Liebe hinein und eines Tages wirst du auf deine innere Musik stoßen. Danach ist das Leben nicht mehr so wie früher. Danach fängt das Leben erst richtig an.

Genau das ist mir im Jahr 2016 passiert. Ich glaube, bereits die ersten Töne erklangen in meinem Herzen, als ich meinem größten Lehrer das erste Mal begegnete, und das war meine Chance, mein Konzept der Liebe zu überdenken und der Liebe die Tür zu öffnen.

Wir haben so viele Konzepte in unserem Kopf: Entwürfe über uns, über die Welt und natürlich auch über die Liebe. Damit begrenzen wir uns dermaßen, dass so etwas Großes wie die Liebe Mühe hat, uns wirklich zu erreichen. Unsere gedanklichen Konstrukte sagen etwas darüber aus, was Liebe bedeutet und wie man sie leben soll. Es ist definiert, was eine erfüllende und erfolgreiche Beziehung ausmacht, wie lange diese dauern muss, wie viel Leidenschaft darin gelebt wird und noch einiges mehr. Es ist so vieles in unseren Köpfen vorprogrammiert, dass es schwerfällt, diesem wundervollen Thema und der Liebe selbst unvoreingenommen zu begegnen.

In einer lebendigen Beziehung entwickeln wir uns permanent weiter und sie verändert sich laufend mit uns. Eigentlich ist uns bewusst, dass so etwas Großes wie die Liebe niemals erblühen kann, wenn wir sie in eine zu kleine Schachtel der Erwartungen sperren. Und dennoch halten wir an diesen Konzepten fest.

Ich war da nicht anders. Darum hatte ich auch lange Zeit die größte Mühe, zu begreifen und annehmen zu können, dass mein Herzenslied zwar geweckt war, aber nicht lange für diesen einen Menschen spielen würde.

MEINE FRAGE AN DICH:

O   Bist du offen dafür, dass dein Herzenslied für dich zu spielen beginnt, oder spielt es bereits?

Mein Weg der Befreiung

Mein Weg in die Freiheit begann, als ich Schritt für Schritt annehmen konnte, dass alles, was mir in meinem Leben widerfahren war, seine Richtigkeit hatte. Nicht aus menschlicher oder persönlicher Sicht, sondern aus einer größeren Perspektive betrachtet. Denn wer bin ich, mir darüber ein Urteil erlauben zu können? Das Leben hat entschieden und es forderte mich auf, im Grausamen, Unbegreiflichen, Traurigen, Unvollständigen nach der dahinterliegenden Weisheit, Wahrheit und Schönheit zu suchen. Und das habe ich die letzten Jahre getan.

Wenn du bis hierhin gelesen hast, bin ich optimistisch, dass unsere Begegnung dich berührt und wir bereits auf einer tiefen Ebene miteinander kommunizieren. Ich bin mir sicher, dass du ein Suchender/eine Suchende bist. Und ich möchte dich dazu auffordern, dich von nichts und niemandem entmutigen zu lassen.

Auch wenn die folgenden Fragen unglaublich herausfordernd sein können, möchte ich dich dazu einladen, dem Leben einen Vorschuss Vertrauen zu schenken und die Antworten in dir aufsteigen zu lassen:

- O Wer bist du?
- O Was macht dich aus?
- O Wofür bist du hier?
- O Wo gehst du hin?

Diese Fragen können wir uns immer wieder neu stellen, denn die Antworten entwickeln sich mit uns. Sie entstehen nach und nach, wenn wir die Fragen leben. Zu unterschiedlichen Zeitpunkten unseres Lebens werden die Antworten leicht anders ausfallen. Sie sind lebendige Begleiter durch unser Leben, die uns umschwirren, anstoßen, ermutigen und anregen, und doch bleiben die Antworten in der Essenz ähnlich.

2. TEIL
DIE REISE BEGINNT

Meine größte Angst
wird Wirklichkeit

———————

Es war hart. Meine größte Angst war mit deinem Tod Wirklichkeit geworden. Ich stand da mit vielen offenen Fragen und einem übermächtigen Schmerz, der mich zu verschlingen drohte. Du warst nicht überraschend gegangen und doch war ich völlig vor den Kopf gestoßen, erschüttert, dir noch so unglaublich nahe und doch unwiderruflich von dir getrennt.

Nachdem die ersten übermächtigen Wellen des Schmerzes über mich hereingebrochen waren und der Nebel sich leicht gelichtet hatte, wurde mir klar, dass ich nur eine Möglichkeit hatte, diesen Schlag des Lebens zu überstehen. Ich musste wachsen und größer werden als diese Geschichte, stärker werden als mein Schmerz, damit ich nicht daran zerbrechen würde. Ich musste mich von dieser Reise mit dir erholen, um dann meinen

Weg ohne dich weitergehen zu können und um Antworten auf meine vielen offenen Fragen zu finden.

Bevor du gegangen bist, hast du mir die größten und wertvollsten Geschenke gemacht, die man im Leben erhalten kann. Ich konnte sie nicht alle sofort erkennen. Lange Zeit waren einige zu schmerzhaft und ich war noch nicht bereit, sie auszupacken. Aber auf dem Weg, den ich innerlich und äußerlich gegangen bin, wurde ich weiser und stark genug, um sie zu erkennen und annehmen zu können. Mit diesen Geschenken verwandelte ich den Schmerz unserer Begegnung in kleinen Schritten wieder in die Liebe, die uns verbindet, stellte mich meinen offenen Fragen und füllte meine innere Leere. Heute empfinde ich tiefe Dankbarkeit darüber, dass wir uns begegnet sind.

Fünf Jahre nach deinem Tod kann ich aufrichtig sagen: «Jetzt bist du länger weg, als ich dich kannte. Unsere Begegnung hat mich verändert. Es gibt ein Davor und ein Danach. Du bist Teil meiner Geschichte. Danke für die tiefen Erfahrungen, die du mir geschenkt hast.»

Die erste Begegnung

Ich kann mich noch gut an unsere erste Begegnung erinnern. Ich arbeitete damals schon seit geraumer Zeit als Dozentin an einer Gesundheitsschule und dennoch war ich jedes Mal aufgeregt, wenn ich einer neuen Klasse gegenübertreten durfte. Um meine Nervosität etwas abzufangen, bereitete ich mich auch an diesem Montag rechtzeitig vor Schulbeginn im Klassenzimmer auf die bevorstehenden Lektionen vor. Da kamst du gut gelaunt mit einem Klassenkameraden ins Schulzimmer, strecktest mir deine Hand entgegen und sagtest: «Hallo! Ich bin Raphi.» Erfreut über deine proaktive, positive Art, erwiderte ich deine Begrüßung und sagte: «Freut mich, ich bin Jasmin.»

Einige Zeit später erzähltest du mir amüsiert, dass du erst beim Verlassen des Schulzimmers begriffen hattest, dass ich nicht einfach eine Mitschülerin sei, sondern deine Dozentin. Was haben wir noch lange darüber gelacht.

Ich bin mir sicher, dass du mir auch ohne diese Begrüßungsszene von Anfang an aufgefallen wärst. Denn obwohl du mir manchmal in den darauffolgenden Tagen und Wochen etwas traurig oder zerknautscht vorkamst, fand ich mehreres an dir sofort bemerkenswert: Deine aufmerksame Präsenz im Unterricht, die vielen interessanten Fragen, mit denen du die Stunden mitgestaltet hast, und das Strahlen in deinen Augen.

Zu diesem Zeitpunkt erholte ich mich gerade von einer intensiven, herausfordernden Zeit nach einer für mich sehr schweren Trennung. Ich war dabei, mich selbst neu zu definieren und herauszufinden, wie ich für mich gut Sorge tragen konnte und was ich beruflich und privat eigentlich wollte. Ich hatte mir geschworen, mein Leben so zu gestalten, dass ich glücklich sein würde, unabhängig davon, ob ich allein durch diese Welt gehen müsste oder jemanden finden würde, der in mein Leben passt und mich begleiten wollte. Und so fing ich gerade an, vielleicht zum ersten Mal, meine Unabhängigkeit und das Alleinsein zu genießen.

Das Versprechen

Ich kann mich noch gut daran erinnern, dass ich mich zu dieser Zeit sehr intensiv mit mir auseinandergesetzt habe und mehr darüber nachgedacht habe, was ich eigentlich will. In all den Jahren zuvor hatte ich meist versucht, es meinem Umfeld rechtzumachen und ein Bild von mir zu erschaffen, von dem ich glaubte, dass andere es sehen wollten.

Auch wenn ich damals erst ganz am Anfang dieses Prozesses stand, von dem ich noch nichts wusste, hatte ich zu jener Zeit einen Beschluss gefasst, der alles veränderte. Rückblickend würde ich sagen, es handelt sich um die grundlegendste Entscheidung, die ein Mensch treffen kann: **Ich habe die Verantwortung für mein Leben übernommen.**

Zu diesem Zeitpunkt hatte ich keine Ahnung, wie weitreichend diese Entscheidung sein würde. Ich ahnte zwar, dass es nicht unbedingt einfach werden würde, war mir aber dennoch tief in meinem Innern sicher, dass es die einzige Möglichkeit war, um wirklich herauszufinden, wer ich bin und wohin mein Weg mich führen sollte.

Mit dieser Entscheidung habe ich mir selbst versprochen, **mich glücklich zu machen.** Ich gab mir dieses Versprechen **völlig unabhängig** davon, vor welche Herausforderungen das Leben mich noch stellen würde. Erst später wurde mir bewusst, wie wichtig dieses

Versprechen mir gegenüber war angesichts dessen, was mir bevorstand. Vielleicht hat es mich sogar davor bewahrt, an dieser Geschichte zu zerbrechen.

Wie oft habe ich in den letzten Jahren mit meinem Entschluss gehadert und das Leben angeschrien, ob es nicht irgendwann genug sei. Doch mein Versprechen erinnerte mich immer wieder daran, weiterzugehen und nicht aufzugeben, bis ich wieder glücklich sein würde.

Ich bin der tiefen Überzeugung, dass dieses bewusste Versprechen an mich selbst meinen Weg erst möglich gemacht hat. Ab diesem Moment war ich es mir selbst schuldig, mein Leben in die Hand zu nehmen. Mit dieser Entscheidung begann meine innere Transformation.

**DARUM MÖCHTE ICH DICH AN
DIESER STELLE GERNE FRAGEN:**

- ○ Hast du bereits die volle Verantwortung für dich, dein Leben und dein Glück übernommen?
- ○ Hast du dir je selbst versprochen, dich glücklich zu machen? Völlig unabhängig davon, was dir in deinem Leben begegnet (ist)?

Hast DU dir jemals versprochen, dich selbst so ernst und wertvoll zu nehmen, dass du dich glücklich machen willst? Oder hast du gelernt, dass es die anderen sind, die für dein Glück Verantwortung tragen? Oft glauben wir nämlich fälschlicherweise, dass unsere Partner, Kinder, Freunde oder die Familie diejenigen sind, die sich dieser Aufgabe annehmen sollten. Doch solange wir darauf hoffen, dass ein anderer Mensch uns glücklich macht, geben wir nicht nur die Verantwortung für unser Leben und unser Glück ab, wir belasten auch unsere Beziehungen mit dieser Erwartungshaltung oder zerstören sie sogar.

Kein anderer Mensch wird je dazu fähig sein, uns glücklich machen zu können, das können wir nur allein. Wenn wir das erkennen und in der Tiefe verstehen, wenn wir uns bewusst dafür entscheiden, unser Glück selbst in die Hand zu nehmen, dann fängt ein ganz neuer Weg für uns an.

Ein solcher Entschluss kann von heute auf morgen glasklar in uns entstehen und manchmal darf er in uns reifen, bis wir ihn vollumfänglich und ganz bewusst treffen können. Ich möchte dich hiermit einladen, einfach einmal darüber nachzudenken.

HIERFÜR NOCH WEITERE FRAGEN AN DICH:

- ○ Wo gibst du deine Verantwortung über dich und dein Leben an andere ab?
- ○ In welchem Lebensbereich oder in welcher Beziehung ist es Zeit, die volle Verantwortung zu übernehmen?
- ○ Was brauchst du, damit du dich selbst so richtig glücklich machen kannst?

Ich habe meine Entscheidung damals schriftlich in einem Notizbuch festgehalten und lade dich dazu ein, dies ebenfalls zu tun.

Drei Jahre später habe ich mein Versprechen an mich erneuert und mit einem Ritual nochmals besiegelt. Auf diesem Weg hat mich das tolle Buch von Veit Lindau begleitet («Heirate dich selbst», 2013), das ich dir bereits empfohlen habe.

Vielleicht möchtest auch du in irgendeiner Form deiner Entscheidung noch mehr Kraft und Ausdruck verleihen?

....

«Wenn du leidest, ist es wegen dir,
wenn du fröhlich bist, ist es wegen dir,
wenn du dich glücklich fühlst, ist es wegen dir.
Niemand ist dafür verantwortlich, wie du dich fühlst,
nur du, du allein. Du bist die Hölle und
zugleich der Himmel.»

....

Osho

Der Ruf des Abenteuers

Kurz nachdem ich dich in der Schule kennengelernt hatte, hast du dich bei mir gemeldet, um dir einen persönlichen Trainingsplan von mir erstellen zu lassen. Das war nichts Ungewöhnliches, weshalb ich mir absolut nichts dabei gedacht hatte. Einige meiner Schüler engagierten mich nach dem Unterricht als persönliche Trainerin und wollten mit mir zusammenarbeiten, um auf ihrem Ausbildungsweg voranzukommen.

Ich sehe dich noch vor mir in dem Studio stehen, in dem ich damals als Trainerin eingemietet war, mit deinen großen, erwartungsvoll leuchtenden Augen und deiner positiven Ausstrahlung. Wir starteten mit deiner Standortbestimmung und schauten uns danach den auf dich abgestimmten Trainingsplan an. Ich hörte dir aufmerksam zu, um weitere wichtige Einflussfaktoren in deinem Training berücksichtigen zu können. Interessanterweise sagte mir an diesem Tag mein nächster Klient kurzfristig ab. Und weil ich spürte, dass du gerne noch weiter mit mir reden wolltest, fragte ich dich kurzerhand, ob wir unser Gespräch in einem Café um die Ecke fortführen wollten.

In diesem Gespräch erfuhr ich so einiges über dich, deinen Werdegang und deine Familie. Ich erkannte, dass du irgendwie enttäuscht warst von den Frauen in deinem Leben und dieses Thema vorerst auf Eis gelegt hattest, genau wie ich. Auch erwähntest du kurz deine ominösen Kopfschmerzen, die dich seit über einem Jahr plagten und die vermehrt im Training auftraten. Du meintest, dass du gerade dabei seist abzuklären, was es damit auf sich hätte.

Mit einem positiven Gefühl gingen wir auseinander. Du hattest klare Anweisungen bekommen, wie dein Training in den kommenden Wochen aussehen sollte, und wir verabschiedeten uns mit der Abmachung, dass du mir ab und zu ein Update über deine Trainingserfolge zukommen lassen wolltest.

Am nächsten Morgen nach unserem Gespräch erhielt ich eine Nachricht von dir:

Du: Guten Morgen, Jasmin. Danke für alles! Ich finde dich eine interessante Persönlichkeit und habe es genossen, mit dir noch etwas trinken zu gehen. Das hat mir sehr gutgetan. Warum gleich von Anfang an alles so aus mir herausgesprudelt ist und ich dir all das erzählt habe, weiß ich eigentlich gar nicht, aber ja ... Du weißt jetzt schon ziemlich viel über mich. Ich habe immer von mir erzählt und auf dem Nachhauseweg im Auto habe ich dann bemerkt, dass ich eigentlich gar nichts über dich weiß. Es war echt cool, danke. Und ich freue mich jetzt schon auf das Training! Guten Start in den Tag und bis bald!

Schon damals hast du mich mit deiner offenen und kommunikativen Art überrascht. Obwohl ich mir zu diesem

Zeitpunkt noch keine Gedanken darüber machte, hattest du genau diese positive, bejahende, aufgestellte Art dem Leben gegenüber, die ich so oft bei anderen Menschen vermisste.

Kurz danach buchte ich mir spontan Tanzferien, weil ich innerlich einen unglaublich klaren Ruf nach Erholung und gleichzeitig nach Abenteuer wahrnahm. Diese Ferien sind mir bis heute in bester Erinnerung. Selten hatte ich in den letzten Jahren so viel Energie und Lebensfreude verspürt. Ich tanzte den ganzen Tag. Und obwohl Schlafmangel mein ständiger Begleiter war, war meine Begeisterung so viel größer als die Müdigkeit. Voller Elan und fast platzend vor Glück stand ich, völlig überdreht und übermüdet, einige Wochen später wieder an einem Montag in der Schule, wo ich dir erneut begegnete.

Während meiner Ferien hatten wir nur einmal kurz Kontakt gehabt. Du hattest mir mitgeteilt, dass die Ärzte deine Kopfschmerzen einfach nicht ernst nahmen und du von einem Arzt zum nächsten geschickt wurdest.

Ich versuchte dich etwas zu beruhigen:

Ich: Hast du dich schon einmal gefragt, was dein Körper dir möglicherweise damit sagen möchte?

Du, ohne Umschweife: Es handelt sich ja um einen Druck im Kopf ... Das sagt eigentlich schon alles. Ich mache mir selbst immer Druck.

Ich: In Bezug auf was?

Du: Ich sollte den Perfektionismus in Bezug auf meinen Job, auch privat, eigentlich in jedem Lebensbereich, einmal etwas beiseitelegen. Nur ist das nicht so einfach.

Ich: Für wen muss es perfekt sein? Was bedeutet eigentlich perfekt?

Du: Ich weiß es doch … Perfekt für mich. Ich konnte das früher nie wirklich … mich selber lieben … aber ich arbeite daran.

Ich: Das kann so gut wie niemand einfach so. Das lernen wir nirgends und es gibt wenige Vorbilder. Schon einmal gut, dass es dir bewusst ist. Das ist der erste Schritt. Wir könnten einmal ein Coaching machen.

Du: Ja, gerne. Ich weiß, ich bin nicht einfach.

Ich: Das ist eine Wertung. Wer sagt das? Ich kann damit umgehen und sonst sage ich es dir. Es ist alles gut. Du bist gut so, wie du bist.

Du: Haha, danke. Es tut gut, das einfach einmal zu hören.

Ich: Ich meine es ernst, sonst würde ich es nicht sagen. Schau dir gut. Und sei nett zu dir.

Du: Danke. Ja, klar, das muss ich jetzt ja auch, für mich gut Sorge tragen. Mein Kopfweh zwingt mich ja dazu … Jetzt habe ich dir fast alle meine Probleme erzählt und ich weiß nichts von dir …

Ich: Was möchtest du denn wissen?

Du: Wo siehst du dich in zehn Jahren? Nein, Scherz. Ja, du wirkst sehr ausgeglichen und glücklich, also ich glaube nicht, dass du Sorgen hast. Du wohnst in Bassersdorf, hast Spinnen und Käfer als Haustiere und warst einmal mit einem Polizisten zusammen. Du diskutierst gerne über Dinge, die ich auch gerne diskutiere. Ich merke gerade, so wenig weiß ich gar nicht über dich.

Ich: Siehst du.

Von Anfang an bewegte sich unser Austausch nicht nur an der Oberfläche. Ich bewunderte deinen Mut. Das tue ich bis heute. Du warst einer der mutigsten Menschen, die mir je begegnet sind.

Wir führten noch zahlreiche solcher Gespräche. Und ich war immer wieder überrascht und fasziniert davon, wie viele Gedanken du dir bereits über das Leben gemacht hattest. Ich konnte es mir nicht erklären, aber mit deiner direkten Art trafst du mich von Anfang an mitten ins Herz. Du tatest, was du sagtest, und du sagtest, was du tatest. Genau das hatte ich oft in früheren Begegnungen mit Männern vermisst. Ich fühlte mich gesehen, ich konnte und wollte mich nicht verstecken. Ich war einfach ich, so wie ich mich in dem Moment gerade fühlte. Ich sprach aus, was mir durch den Kopf ging, und hatte keine Angst, dass du mich missverstehen oder nicht gut finden würdest. Ich hatte keine Chance, dieser Offenheit und Echtheit zu widerstehen. Sie war einfach da. Du warst einfach da. Und ohne es bewusst zu bemerken, hast du dich in mein

Herz geschlichen. Ohne Umwege, einfach so.

Als du nach meinen Ferien an diesem Montag wieder vor mir standest, war irgendetwas spürbar anders. Die Funken zwischen uns sprühten nur so, obwohl ich mir dies nicht eingestehen wollte (schließlich warst du mein Schüler und zudem noch einige Jahre jünger als ich). Ich konnte es nicht einordnen, aber dennoch konnte ich es deutlich spüren.

An diesem Tag warst du nicht mein Schüler. Du fragtest mich auf den Schulgängen, ob ich Lust hätte, mit dir und ein paar anderen Mitschülern zum Mittagessen zu gehen. Natürlich hatte ich Lust. Einmal mehr spürte ich diese Verbundenheit zu dir. Völlig mühelos konnte ich mit dir in einen wahrhaftigen Kontakt treten und viel mehr als nur Worte austauschen. Es fühlte sich so an, als ob wir über die Worte hinaus unsere Wesen berührten, als ob du die Energie meiner Gedanken und die dazugehörigen Gefühle aufnehmen und verstehen konntest. Und wie einige Male zuvor fühlte ich mich leicht beschwingt und voller Energie nach der Begegnung mit dir.

An diesem Nachmittag lernte ich dein Wesen noch etwas besser kennen, als du in einer Pause plötzlich vor mir standest und mir einen Kaffee vorbeibrachtest, mit einem riesigen Lächeln. Du sahst die freudige Über-raschung auf meinem Gesicht.

Damals wusste ich noch nicht, mit wie vielen kleinen Gesten du mir in Zukunft deine Zuneigung und Liebe zeigen würdest.

Das erste Geschenk:
Ich bin ich

Die Frage «Wer bin ich und was macht mich und mein Wesen in der Tiefe aus?» ist eine essenzielle und sehr mutige Frage. So wie wir heute konditioniert und erzogen werden, entwickeln wir uns meist zu Erwachsenen, die auf die Frage, wer sie sind, mit ihrem Namen, ihrem Beruf und ihrem Zivilstand antworten. Wir haben gelernt, wie wir zu sein haben, um gemocht zu werden und dazu-zugehören. Wir wissen meist instinktiv, was andere von uns erwarten. Und wenn wir keine Konflikte provozie-ren und die Harmonie nicht gefährden wollen, erfüllen wir diese Erwartungen. Dabei drücken wir unsere innere Stimme und unsere Gefühle weg, um fremden Vor-stellungen gerecht zu werden. Wir haben von unseren Eltern, Lehrern oder anderen Bezugspersonen bereits in jungen Jahren gelernt, was wir können und nicht kön-nen, was für uns möglich oder unmöglich ist. Oft tragen wir diese Glaubenssätze über uns selbst jahrzehntelang mit uns herum und hinterfragen sie nicht ein einziges Mal. Wieso sollten wir auch? Sie machten von klein auf unsere Realität aus, in die wir hineingeboren wurden und die wir Hunderte, wenn nicht Tausende Male so bestätigt bekamen.

Doch beinhalten diese Glaubenssätze wirklich das, was uns in der Tiefe ausmacht? Sagen sie die Wahrheit über uns aus?

Je länger wir so durch die Welt laufen, desto mehr verlieren wir unsere kindliche Freude und Begeisterung. Wir vergessen unser unausgeschöpftes Potenzial und überhören die drängende innere Stimme, die uns leise zuflüstert: «Wer bist du und was willst du wirklich in deinem Leben?»

Über viele Jahre hinweg verhielt ich mich meist so, wie die anderen mich haben wollten. Ich passte mich an, hielt mich klein und zweifelte an mir und meinen Fähigkeiten. Ich traf Raphi zu einer Zeit, als ich beschlossen hatte, die volle Verantwortung für mein Leben zu übernehmen, was auch bedeutete, mich nicht mehr zu verstecken. Ich hatte mir das Versprechen gegeben, für all das einzustehen, wonach ich mich in meinem Leben sehnte, und keine faulen Kompromisse mehr einzugehen. In der Liebe wollte ich erst dann ruhen, wenn ich erfahren hatte, was wahre Liebe bedeutet, und wenn ich imstande sein würde, diese wahrhaftig zu leben.

Ich hatte damals keine Ahnung, wie ernst das Leben meinen Wunsch nahm und worum ich da gebeten hatte. Wahrscheinlich machte meine veränderte Haltung es erst möglich, Raphi auf einer tieferen Ebene begegnen zu können. Er hat mir gezeigt, dass Mut, Echtheit und Ehrlichkeit den Weg zu einem Menschen und seinem Herzen freilegen. Ich habe verstanden, was es für ein Geschenk ist, ich selbst sein zu dürfen. Mit ihm in meiner Gegenwart erinnerte ich mich ohne Mühe daran, wer ich sein wollte und wer ich bin. Vieles, was ich lange weggedrückt hatte, sprudelte einfach so aus mir heraus, ohne dass ich es kontrollieren konnte oder wollte. Es fühlte sich nicht einmal seltsam oder unangenehm an, sondern echt und richtig. Etwas in mir fing an, sich zu entspannen. Wenn er mich mit seinen strahlenden Augen anblickte, erkannte ich, was er in mir sah, und dass ich gut, schön und genug war. Dafür bin ich ihm zutiefst dankbar. Denn dieses Geschenk trage ich seit damals jeden Tag bei mir.

DARUM MÖCHTE ICH DICH GERNE FRAGEN:

- O Erlaubst du dir, du selbst zu sein?
- O Bei wem oder bei was kannst du ganz du selbst sein?
- O Wo in deinem Leben versteckst du dich noch oder zeigst dich nicht ganz?
- O Wo in deinem Leben gehst du faule Kompromisse ein und verrätst dich damit selbst?
- O Wonach sehnst du dich im Leben wirklich, was willst du erleben?
- O Wo in deinem Leben darfst du noch mutiger sein?
- O Wo in deinem Leben darfst du noch ehrlicher hinschauen?

«Respektiere deine Einzigartigkeit und höre auf, dich zu vergleichen. Entspanne dich in deinem Sein.»

Osho

Erste Schritte ins Unbekannte

In den nächsten Tagen hielten wir weiterhin Kontakt und neben vielen tiefsinnigen Gesprächen kam eine Sache nie zu kurz: der Spaß! Wir lachten, wir neckten uns. Wenn ich heute daran denke, dann glaube ich, dies sind die Momente, für die wir gemacht sind: dieses unbeschwerte Sein, mit Leichtigkeit und Humor das Leben zu sehen und zu teilen und aus jedem Moment das Beste herauszuholen. Ich glaube, in solchen Momenten sind wir wie Kinder: Unsere Unbeschwertheit wurzelt darin, dass es uns nicht bewusst ist, wie schnell das Leben sich verändern kann.

Nur wenige Tage später überraschtest du mich mit einer Einladung zu deinem Geburtstagsfest. Du wolltest, dass man dir an deinem Tag Zeit schenkt. Mehr nicht.

Das Einzige, was du dir gewünscht hast, war ZEIT (dieser Gedanke rührt mich heute zu Tränen), ohne zu wissen, wie unbezahlbar diese schon bald für uns sein würde.

Natürlich sagte ich zu. Wieso auch nicht? Bis anhin hatte mir jede Begegnung mit dir gutgetan.

Doch bevor diese Party steigen sollte, flogst du beruflich nach Kanada. Nach deiner dortigen Ankunft erhielt ich folgende Nachricht von dir:

Du: Neun Stunden Flug waren es. Viel Zeit zum Nachdenken …

Ich: Über was hast du nachgedacht?

Du: Wenn du mich so fragst, weißt du es schon, oder?! Ich möchte gerne mit dir etwas trinken gehen.

Ich: Nein, aber warte kurz, ich schaue rasch nach in meiner Wahrsagekugel … ;) Zusammen etwas trinken waren wir schon.

Du: Dein Ernst?! Okay, dann würde ich gerne etwas mit dir essen gehen, das haben wir noch nie gemacht …

Ich: Du hast neun Stunden überlegt, dass du gerne mit mir essen gehen möchtest?! :)

Du: Jasmin. Machst du das eigentlich extra …? Wenn du wissen möchtest, was ich mir neun Stunden überlegt habe, dann komm mit mir essen und wir verbringen einen lustigen Abend. Und sonst sagst du lieber: nein danke. Ich bin alt genug, ich verkrafte das, hatte ja neun Stunden Zeit, mich darauf vorzubereiten!

Ich war kurz etwas hin- und hergerissen. Mein Kopf sagte: Das ist dein Schüler, er ist einiges jünger als du, ist das WIRKLCH eine gute Idee?! Mein Herz sagte: Stell dich nicht so an und schau, was passiert.

Bei unserer ersten Verabredung war ich etwas zu spät – was du mir noch lange scherzhaft unter die Nase gerieben hast. Wir unterhielten uns den ganzen Abend und unser Gespräch geriet nur einmal kurz ins Stocken, als mir bewusst wurde, dass mein jüngerer Bruder älter ist als du. Und du hast mit einem kleinen Schrecken festgestellt, dass dein älterer Bruder jünger ist als ich. Aber sind wir einmal ehrlich: Das Herz entscheidet sich nicht für ein Alter.

Stunden später saßen wir eine gefühlte Ewigkeit in meinem Auto vor deinem Haus. Mittlerweile war es schon spät geworden. Du nahmst deinen ganzen Mut zusammen und sagtest zu mir: «Ich würde dich gerne küssen.»

Natürlich war mein Kopf wieder einmal dagegen, aber … Was soll ich sagen? Es war einer meiner schönsten ersten Küsse, die ich je erlebt habe, und von da an war es um mich geschehen.

Auf dem Nachhauseweg empfand ich, trotz der Müdigkeit, eine überschäumende, völlig überdrehte Freude, die mich komplett einnahm, begleitet von einer gleichzeitigen Ungläubigkeit darüber, was gerade geschehen war. Mein Interesse war geweckt, mein Herz war dir gegenüber offen und ich wollte dich wirklich kennenlernen. Ich wollte erfahren, wer du bist, was dich ausmacht und was zwischen uns möglich sein könnte.

Kurz danach lag ich zu Hause in meinem Bett, ließ den Abend Revue passieren und fühlte mich so lebendig, erfüllt und freudig erregt wie schon lange nicht mehr! So fühlt es sich an, richtig zu leben, dachte ich und schlief überglücklich ein.

Das Unvorstellbare passiert

Wir hatten nur wenige Tage, um uns unbeschwert kennenzulernen. Es war Frühlingsanfang und der noch junge Sommer entsprach genau unseren Gefühlen füreinander, die langsam wuchsen. Wir haben diese wenigen Tage voll ausgekostet und ich blühte in deiner Gegenwart richtig auf. Ich war jedes Mal freudig aufgeregt, wenn ich dich traf, nur um dann festzustellen, dass ich deine Präsenz, deine Art und unser Zusammensein einfach nur in vollen Zügen genoss. Ich fühlte mich mit dir sicher und empfand unser Beisammensein so, als würde ein Teil von mir heiler werden.

Obwohl wir uns emotional unglaublich rasant nahekamen, ließen wir uns die Zeit, die wir brauchten, um zu verstehen, was gerade mit uns passierte. Wie in jeder Kennenlernphase kamen zwischendurch Ängste und Zweifel auf, gefolgt von Diskussionen und kleineren Streitigkeiten, die sich dann wieder auflösten und uns ermöglichten, uns danach noch näher zu kommen und uns auf einer tieferen Ebene begegnen zu können.

Eine meiner Freundinnen sagte in dieser Zeit einmal zu mir: «Ich glaube, er passt wirklich besser zu dir als all die Männer vor ihm. Ich könnte mir echt vorstellen, dass es diesmal klappen könnte.» Genauso sehr, wie mich ihre Worte an diesem Tag erfreuten, rissen sie mir einige Zeit später ein klaffendes Loch in mein Herz, wenn ich mit dem Leben haderte und mich fragte, warum der Mann, welcher offensichtlich so gut zu mir passte, möglicherweise nicht lange an meiner Seite bleiben würde.

An dem Tag, als dein Anruf mich erreichte, war ich bei einer guten Freundin zu Besuch. Wir saßen zusammen in ihrem Wohnzimmer, tranken Kaffee und diskutierten über Gott und die Welt – und natürlich erzählte ich ihr von dir. Was ich mit dir bis anhin erleben durfte, wie ich mich in deiner Gegenwart fühlte, worüber wir zusammen lachten, was unsere Diskussionspunkte beinhalteten, von meinen Hoffnungen, Ängsten und Träumen. Meine Freundin war schon immer großartig darin, aktiv zuzuhören, geschickte Fragen zu stellen und ehrliches, konstruktives Feedback zu geben. Was ich am meisten an ihr schätzte, war, dass sie mitfühlte, dass sie mein Leben miterlebte und bereits viele Jahre ein wichtiger Teil meines Lebens war. Sie hatte dich bis dahin einmal live getroffen – ein wichtiger Moment, weil ich viel auf ihre Wahrnehmung gab. Und ihr hattet euch, wie erwartet, wunderbar amüsiert und unglaublich gut verstanden, was mein Gefühl dir gegenüber nur noch verstärkt hat.

Als ich an diesem Nachmittag sah, dass du mich anriefst, obwohl du wusstest, dass ich bei ihr war, war es für sie selbstverständlich, dass ich abhob. An deiner Stimme erkannte ich sofort, dass etwas nicht stimmte. Auch schienst du mich aus dem Auto aus anzurufen, was grundsätzlich nichts Seltsames bedeuten musste. Mein komisches Gefühl bestätigte sich allerdings sofort, als du fragtest: «*Sitzt du?*»

Wie fremdgesteuert setzte ich mich hin. Und obwohl dieser Moment mein Leben komplett auf den Kopf stellte und für immer veränderte, kann ich mich nur schemenhaft und verschwommen an deine Worte erinnern.

«Sie wissen jetzt, was der Grund für mein Kopfweh ist. Ich habe einen Tumor im Gehirn. Sie wissen noch nichts Genaues, aber ich muss in ein paar Tagen eine Gewebeprobe entnehmen lassen, um herauszufinden, was es ist.»

Ich schaute meine Freundin völlig schockiert, entgeistert und ungläubig an. Ich habe keine Ahnung, was ich darauf antwortete. Diese wenigen Worte rissen mich aus meinem Hochgefühl, rissen mir den Boden unter den Füßen weg. Hätte ich mich nicht schon hingesetzt, hätte ich es jetzt tun müssen, weil meine Beine sich anfühlten, als bestünden sie aus Gummi, sehr schwerem Gummi.

Deine Worte hallten in meinem Kopf wider, während ich dir versicherte, dass ich später bei dir vorbeikommen wollte. Auch als ich das Telefonat beendet hatte, hatte ich noch keine Ahnung, was diese Worte für mich, für dich und für uns eigentlich bedeuteten.

An das darauffolgende Gespräch mit meiner Freundin erinnere ich mich nicht mehr. Zu groß war der Schock nach dieser Nachricht.

Auch der Abend bei dir ist mir nur noch lückenhaft in Erinnerung, bestehend aus vereinzelten Bildfetzen und Gefühlsbrocken. Wir lagen uns weinend und völlig aufgelöst in den Armen, nur um uns dann wieder gegenseitig aufzufangen und erneut abzustürzen in ein tiefes, schwarzes Loch, das uns gefangen hielt und in den Abgrund zog.

Erst im Nachhinein hast du mir erzählt, dass deine beste Freundin vor unserem Zusammentreffen noch bei dir war. Sie war ebenfalls völlig schockiert und aufgelöst angesichts dieser Nachricht. Ich mochte sie zu diesem Zeitpunkt sehr, obwohl ich sie nur flüchtig kannte. Du erzähltest mir, dass du mich eigentlich wegschicken wolltest, mir all das ersparen wolltest, mich nicht mehr weiter kennenlernen und unsere Geschichte beenden wolltest, bevor sie richtig begonnen hatte, um mich zu schützen. Doch deine beste Freundin hatte dir gesagt, du solltest mich selbst darüber entscheiden lassen, wie es mit uns weiterginge. Vielleicht gäbe es einen Grund, warum wir uns gerade jetzt getroffen hatten.

Wie weise sie war ...

Ich: Hey Raphi, ich musste all das einmal setzen lassen. Es fühlt sich unreal an. Ich habe keine Ahnung, was es mit mir macht (geschweige denn, dass ich mir vorstellen kann, was es mit dir macht). Danke für dein Vertrauen, dass du mir überhaupt davon erzählst. Ich habe keine Ahnung, was ich sagen soll (wahrscheinlich gibt es auch nicht «das Richtige»). Ich staune / bewundere, mit welcher Ruhe und sogar Optimismus du das erzählen konntest. Ich sehe auch, dass man das jetzt einmal so hinnehmen muss und nach vorne schauen muss, das Beste hoffen und glauben. Ich weiß einfach nicht, ob es noch der Schockzustand ist. So wie ich dich bis anhin erleben durfte, hast du neben deiner sensiblen Seite auch eine sehr starke Persönlichkeit, die fähig ist, mit so etwas umzugehen. Ich möchte einfach, dass du weißt, wenn etwas ist und ich irgendetwas tun kann (sei es reden, ablenken, herumalbern, einfach dasein, was auch immer), bin ich gerne für dich da.

Du: Danke für deine Worte. Sie bedeuten mir viel. Ich bin froh, durfte ich dich kennenlernen … ;) Ich habe gerade eine Stunde Autofahren hinter mir, mit einem riesigen Gefühlschaos, mit Weinen und richtigen Lachanfällen …

Ich: Lass es raus. Du lernst mich immer noch kennen und ich dich. Ich meine es ernst. Ich bin schon total im Gefühlschaos und kann nur erahnen, wie es dir damit geht … Ich wünsche dir eine erholsame Nacht und dass du abschalten kannst.

Auch wenn ich es selbst noch nicht wusste, hatte ich mich bereits entschieden. Natürlich führte ich einige Gespräche mit Freunden, fragte, was sie an meiner Stelle tun würden, obwohl ich es längst spürte, dass ich dich nicht allein lassen konnte. Ich bekam ein paar sehr interessante Antworten und viele davon waren gefärbt von Angst. Angst um mich. Angst vor der Konfrontation mit Schmerz, Leid und dem Tod. Viele der Ratschläge wiesen in eine Richtung, in die ich nicht gehen wollte.

Meine Freundin stellte mir wie immer viele hilfreiche Fragen. Und weil sie niemand ist, der das Leben scheut, mit allem, was dazugehört, war sie mir auch in dieser schwierigen Situation ein rettender Anker in der Not, als ich drohte, unterzugehen.

Eine Frage, die mir meine Freundin stellte, lautete: «*Was hat diese Begegnung mit deinem Leben zu tun?*» Und eine andere: «*Womit kannst du besser leben: Es zu probieren und zu verlieren oder es von Anfang an sein zu lassen?*»

Das zweite Geschenk:
Ich sage JA zum Leben

Durch Raphi wurde ich nur wenige Wochen nach unserer ersten Begegnung auf eine entscheidende Frage gestoßen:

«Wer will ich sein?»

Oder andersherum gefragt: «Wer bin ich, wenn ich ihn, diesen wundervollen jungen Mann, den ich die letzten Tage kennengelernt und liebgewonnen hatte, jetzt im Stich ließe, ohne herauszufinden, was zwischen uns möglich ist? Was würde das über mich und mein Leben aussagen? Wäre es nicht widersprüchlich, diese junge Liebe aufzugeben, aus Angst vor einem Verlust? Trägt nicht jede Freundschaft, jede Begegnung mit einem Menschen immer auch potenziellen Schmerz und Verlust in sich? Würde ich, wenn ich ihn zurückließe, nicht noch viel mehr aufgeben und mich möglicherweise nie richtig auf das Leben einlassen? Bin ich bereit diesen Preis zu bezahlen, um der potenziell bedrohlichen Situation zu entkommen?»

Ich hatte keine Ahnung, wozu ich imstande sein würde und wie weit ich diesen Weg mit ihm gehen konnte. Das sagte ich ihm auch ganz ehrlich. Ich hatte keine Ahnung, was dieser Weg mit mir machen würde und wie er mich verändern würde. Ich hatte keine Ahnung, ob ich vielleicht sogar daran zerbrechen würde, wenn ich ihn tatsächlich verlieren würde. Ich hatte keine Ahnung, wie ich es ertragen würde, meiner größten Angst gegenübertreten zu müssen, nämlich zusehen zu müssen, wie jemand, den ich liebe, leidet, ohne dass ich irgendetwas daran ändern konnte. Das Einzige, was ich wusste, war, dass ich jemand sein oder werden wollte, der dem Leben in die Augen schaut. Ohne Kompromisse. Ich wollte nicht zurückschrecken, wenn Menschen, die ich liebe, mich brauchen.

Vor unserer Begegnung hatte ich mir gewünscht, wahrhaftig herauszufinden, was Liebe wirklich ist oder sein kann. Das Leben hatte mich gehört. Und ich war bereit, entgegen aller Logik und mit allen Konsequenzen, mich für mein Herz zu entscheiden. In mir war da eine leise Hoffnung, die fragte: Was, wenn die Liebe alles überwindet?

Ich sagte nicht nur in diesem Moment JA zum Leben, sondern auch danach immer wieder. Speziell dann, wenn ich eine Grenze erreicht hatte, von der ich dachte, ich könnte sie nie überwinden. Dann war mein JA umso kraftvoller und ich gewöhnte mich daran, mich meiner Angst zu stellen, nicht zu wissen, wohin mein Weg mich führen würde. Immer wenn ich drohte unterzugehen, erinnerte ich mich an mein JA. Ein Ja zu ihm, zu mir, zum Leben und ein JA zu all den Menschen, die ich liebe, selbst wenn Liebe manchmal unvorstellbare Schmerzen bedeutet. Die Liebe war jedes Mal stärker. Nicht so, wie ich es mir damals erhofft hatte, aber sie war stärker und blieb, wenn alles andere wegfiel. Darum kann ich rückblickend aus tiefstem Herzen sagen: «Ich würde es wieder tun, obwohl ich heute die Konsequenzen kenne. Es war richtig und du warst es wert.»

Wenn ich heute damit leben müsste, es nicht versucht zu haben, all das mit ihm nicht erlebt zu haben, wäre ein unheilvoller Schmerz entstanden. Irgendwann zu erfahren, wohin sein Weg ihn geführt hatte, ohne dass ich an seiner Seite gewesen wäre, hätte diesen Schmerz verstärkt. Er wäre viel größer gewesen als der, den ich erlebt habe. Der Schmerz, etwas Wundervolles gelebt und verloren zu haben, ist unvorstellbar. Doch er ist einfacher zu ertragen als die Erkenntnis, aus Angst vor einem Verlust das Wundervolle von sich gestoßen zu haben und zu wissen, dass es jetzt zu spät ist.

Ein Ende ist in jedem Neuanfang enthalten. Was zählt und uns tröstet, ist das, was dazwischen passiert.

ICH MÖCHTE DIR GERNE FOLGENDE FRAGEN STELLEN:

- Was für ein Mensch willst du sein?
- Was sagt dein Leben über dich aus?
- Lebst du mehr aus der Angst oder der Freude am Leben heraus?
- Wählst du die Angst oder die Liebe?
- Was ist deine größte Angst?
- Welchen Preis zahlst du dafür, deiner Angst nicht begegnen zu müssen?

«Das Leben beginnt dort, wo die Furcht endet.»

Osho

Die Angst vor dem Abgrund

Vielleicht war ich naiv. Vielleicht war ich auch mutig. Eines weiß ich: Ich habe meine Entscheidung nie bereut. Ich habe den Himmel und die Hölle durch dich kennengelernt und die große Frage, die sich mir stellte, war: Würde ich es schaffen, danach wieder Boden unter die Füße zu kriegen, um weiterleben zu können?

Unsere Kennenlernphase war ein ständiges Auf und Ab. Wir kamen uns nahe, erlebten intime Momente, tauschten Geschichten und Erfahrungen aus. Andererseits spürten wir stets die Bedrohung und fragten uns, wie es weitergehen sollte. Es war auch schon in meiner Vergangenheit ein Thema, dass ich mich nach echter, wahrhaftiger Intimität und Nähe sehnte, während ich zugleich Mühe hatte, diese zuzulassen. Ich war ständig hin- und hergerissen. Dennoch ließ ich mich auf dich, deine Geschichte und deine Situation ein. Gleichzeitig war ich gefangen von der Angst, dich wieder zu verlieren, und glaubte, mich rechtzeitig zurückziehen zu müssen, um den Schmerz, der mir Angst einjagte, minimieren zu können. Natürlich weiß ich im Nachhinein, dass das gar nicht möglich ist. Echte Liebe fordert alles von uns. Sie beflügelt uns, holt das Beste und manchmal auch das Schlimmste aus uns heraus, fördert es zutage mit der Bitte, dass wir uns selbst dazu befähigen, über uns hinauszuwachsen. Immer und immer wieder nahmen wir diese Einladung des Lebens an.

Ich: Ich hatte das erste Mal Zeit für mich, um einige Dinge Revue passieren zu lassen. Ich habe die letzten Tage mit dir extrem genossen. Ich konnte abschalten, lachen, dir begegnen, ich habe mich einfach gut gefühlt und es genossen. Es fühlt sich natürlich und nicht erzwungen an. Ich verbringe sehr gerne Zeit mir dir, ich habe Freude an deinem Wesen und bin neugierig, noch mehr von dir erfahren zu dürfen. Und die Vorstellung, mit dir einen Roadtrip zu machen, fände ich toll. Ich finde es megawertvoll und auch speziell, wie wir miteinander reden können. Ich schätze unseren Umgang miteinander und was du in mir auslöst, wie ich dich wahrnehme. Danke für deine Offenheit. Ich habe eigentlich keine Angst, dass es zu schnell geht, sofern wir weiterhin so miteinander reden können. Klar gibt es Momente und Gedanken der Unsicherheit, aber ich folge meinem Gefühl und lasse mich leiten. Du tust mir gut. Danke.

Einige Tage nach deinem Anruf und dem abendlichen Treffen fragtest du mich, ob ich dich zu deinem Arzttermin begleiten würde, wo es darum ging, mehr über die Situation zu erfahren.

Du: Hast du am Mittwochmorgen um 08:00 Uhr schon etwas vor?

Ich: Hast du dann deinen Termin?

Du: Ja, beim Neurochirurgen, einfach einmal eine Besprechung. Du nimmst so viel wahr und kannst gut zuhören. Wenn du nichts vorhast, würde ich es sehr schätzen, wenn du dir Zeit nehmen würdest.

Ich: Um mitzukommen?

Du: Wenn es nicht geht, ist es kein Problem! Dann gehe ich alleine.

Ich: Geht das überhaupt, wenn wir nicht verwandt sind?

Du: Ja, klar.

Ich: Ich nehme mir die Zeit …

Du: Danke vielmals!

Ich: Puh, jetzt ist mir gleich schlecht. Ich bekomme leicht Panik. Ich finde es krass, dass du mich überhaupt dabeihaben willst. Aber ich richte es mir gerne ein, wenn du mich dabeihaben willst und du das Gefühl hast, dass ich dir eine Hilfe bin. Das sind jeweils so Momentaufnahmen, aber ich erhole mich schnell wieder. Ich denke einfach, das ist eventuell für dich noch wichtig zu wissen. Ich kann sicherlich damit umgehen und es handhaben (so gut kenne ich mich, auch wenn ich noch nicht genau weiß, wie ich reagieren werde), aber es ist definitiv nicht so, dass es spurlos an mir vorbeigehen wird. Ich habe dir gesagt, dass du mir sagen sollst, wenn ich etwas für dich tun kann, und darum mache ich das gerne.

Du: Ich schätze das sehr. Ich würde dich nicht fragen,

wenn du mir nicht so vertraut wärst.

Ich war erstaunt. Gab es niemanden in deinem Leben, der diese Aufgabe besser übernehmen konnte als sich? Schließlich kannten wir uns erst seit Kurzem.

Ich wusste nicht, ob ich dir eine große Hilfe sein würde. Aber du hast mich überzeugt. Offenbar glaubtest du daran, dass ich den Worten des Arztes differenziert lauschen würde, dass ich wichtige Fragen stellen würde und dass wir es schaffen würden, gemeinsam diese Situation gut zu meistern.

Und das taten wir.

Der Neurochirurg, anscheinend eine Ikone auf seinem Gebiet, war so sachlich und professionell, wie man sich einen solchen Spezialisten vorstellt. Ich würde nicht sagen, dass er total emotionslos mit uns sprach, aber er wusste, wie er schwierige Informationen und traurige Tatsachen verständlich vermitteln musste.

Der nächste Schlag in die Magengrube nach der Diagnose war die Tatsache, dass der Tumor an einem Ort im Kopf saß, wo er nicht herausoperiert werden konnte, ohne lebensnotwendige Gehirnareale massiv verletzen zu müssen. Eine operative Entfernung war somit offenbar nicht möglich. Ich weiß nicht, ob wir erstaunt waren, das Gehörte einordnen konnten, aber mein Bauchgefühl sagte mir ganz deutlich, dass dies keine gute Nachricht war.

Der nächste Schritt, so erfuhren wir, würde es sein, eine

Gewebeprobe aus deinem Kopf nehmen zu lassen, von ebendiesem Arzt, dem Gehirnspezialisten, der dann das Gewebe analysieren und das genaue Ausmaß der Misere aufgrund der Probe feststellen sollte. Auf dieser Grundlage sollte später auch das weitere Vorgehen bestimmt werden.

Es waren nicht die Nachrichten, die wir uns erhofft hatten, und wir waren immer noch im Ungewissen darüber, wie es weitergehen sollte. Trotzdem ließen wir es uns nicht nehmen, nach dem Termin einen nahe gelegenen See zu besuchen, den wundervollen warmen Nachmittag und die Stille zu genießen und es sogar zu wagen, ins Wasser zu springen. Genau das habe ich so an dir geliebt: Wir vermochten zusammen, selbst an schweren, belastenden Tagen, das Beste aus der Situation zu machen. Ich hatte keine Ahnung, ob wir es in der Zukunft noch zustande bringen würden, uns immer wieder solche «Inseln» zu schaffen, wo es nur den Moment, dich und mich geben würde, auch wenn wir die Tatsache, wie es um dich stand, nicht komplett ignorieren konnten.

Ich: Ich hoffe, du hattest einen guten Abend mit deinen Leuten. Wie haben sie es aufgenommen? Du hast mich einmal gefragt, ob ich Angst um dich habe ... Ja, wenn ich bei mir ankomme und mir Zeit nehme, um zu fühlen, was innerlich in mir abgeht, und mir Gedanken mache, ja. Und irgendetwas in mir sagt auch nein – weil du, wenn man es so nennen kann, «die besten Voraussetzungen hast», geistig und körperlich, um so etwas überstehen zu können, und noch stärker und um Lebenserfahrung reicher das überstehen kannst ... Also ich glaube an dich!! Zudem möchte ich mit Vertrauen durchs Leben gehen und mit der Einstellung, dass alles «seine Richtigkeit» hat im Leben, auch wenn ich es nicht verstehe. Und ich weiß nicht, ob Angst nicht einfach egoistisch ist ... Ich glaube, es ist mehr ein (unabhängig davon, ob und wie lange du Teil meines Lebens bist und in welcher Form) Dir-von-Herzen-Wünschen, dass du Zeit hast. Zeit, deine Träume zu leben und zu verwirklichen, dass du erfahren darfst, was Liebe bedeuten kann und wie sie sich anfühlt. Dass du deine Lebensfreude, Gedanken und Taten mit der Welt teilen darfst, weil (was ich dir schon einmal gesagt habe) ich das Gefühl habe, dass es ziemlich viel gibt zum Teilen.

Die Welt steht Kopf

Im Nachhinein haben wir oft darüber diskutiert, dass wir mit der Weitergabe der Nachricht anders hätten umgehen können. Wir haben die Diagnose in deinem Umfeld kommuniziert und ich erzählte meinen Freunden und meinem Bruder davon. Meine restliche Familie wollte ich allerdings heraushalten, weil ich vermutete, dass es schwierig für sie sein würde, dies zu verarbeiten und einigermaßen gut handhaben zu können.

Viele deiner Freunde waren schockiert, überfordert und zogen sich als Folge dessen von dir zurück, was mir zu diesem Zeitpunkt oft unverständlich erschien. Im Nachhinein, so sagtest du mir, würdest du es nur noch einzelnen, sorgsam ausgewählten Menschen in deinem Umfeld erzählen, da es für dich schwierig war, den Fokus auf das Positive zu lenken, wenn überall mitleidige Augen deinen Blick trafen und du, selbst wenn du in der Situation keine Symptome verspürtest, trotzdem immer daran erinnert wurdest.

Ich weiß nicht, wo du in all der Zeit deine Kraft hernahmst, deinen Optimismus, deine Lebensfreude und Energie. Vielleicht aus unserer Begegnung, vielleicht weil auch du es in deinem Leben gewohnt warst, zu kämpfen, und sicherlich auch, weil du sehr schnell für dich einen Sinn in der Situation fandest. Du warst der Überzeugung, dass du mich nie auf diese Art und Weise kennen und so schnell lieben gelernt hättest, hättest du nicht diese Diagnose bekommen.

Die Anfangsphase unserer Beziehung war gefärbt von schwierigen Diskussionen und von Angst. Wir hatten keine Zeit, uns zu verstecken, uns etwas vorzumachen, auch wenn das nie unsere Absicht gewesen wäre. Unser Kennenlernen gestaltete sich deutlich anders, als es bei den meisten Paaren der Fall ist. Es ging von Anfang an ans Eingemachte. Selbst langjährige Freunde hatte ich noch nie in solchen Ausnahmezuständen erlebt, ebenso wenig mich selbst. Daher lernte ich dich und mich in einem rasanten Tempo auf immer neue Weise kennen. Dir erging es genauso. Immer wenn ich dachte, dass ich eine Grenze noch nicht überschreiten konnte, machten wir bereits den nächsten Schritt. Ja, es war anstrengend und sehr intensiv. Fragen kamen auf uns zu, die ich mir noch nie in meinem Leben gestellt hatte. Ich fand mich in Situationen wieder, die ich mir im Leben nicht erträumt hatte, auf die es keine «richtigen» Antworten gab, wie man sich bestenfalls verhalten sollte. Auch mein Umfeld, das zeitweise mit mir und der Situation mindestens so überfordert war wie ich selbst, reagierte oft nur mit mitleidigen Blicken und ratlosen Gesichtern. Jeder war froh, nicht in meiner oder gar deiner Haut stecken zu müssen. Wer konnte es ihnen verübeln.

Für mich war die ganze Situation eine unglaubliche Herausforderung. Trotz oder gerade aufgrund deiner Diagnose gaben wir uns gegenseitig schon sehr früh in unserer Beziehung ein Versprechen. (Wir beide versprachen nur extrem selten etwas, weil wir sicher sein wollten, dass wir Ausgesprochenes auch einhalten konnten.) Wir versprachen uns, dass wir nicht zu einschneidende Kompromisse für den anderen eingehen wollten. Kompromisse, die wir Menschen gerne in Beziehungen machen, um den anderen nicht zu verletzen, und bei denen wir vergessen, dass wir uns selbst umso mehr verletzen, weil wir uns verraten und unser Wesen verleugnen. Trotz der widrigen Umstände wollten wir eine echte Beziehung führen, auf Augenhöhe. Ich sollte dir schwören, dass ich, egal was passieren würde, nicht nur aus Mitleid mit dir zusammenbleiben würde.

Ich hatte kein Mitleid, ich hatte Mitgefühl. Ich konnte mir nicht erklären, womit um alles in der Welt dein Leiden gerechtfertigt sein könnte. Und ich hatte große Mühe, im Mitgefühl bei dir zu sein, ohne selbst in ein tiefes schwarzes Loch hineingerissen zu werden, das nur aus Schmerz bestand.

Wie verhält man sich, wenn der Partner, den man

liebt, bereits am Morgen mit dermaßen starken Kopfschmerzen erwacht, dass er vor lauter Schmerzen schreit? Wie sollte ich es schaffen, mich selbst nicht als herzlos zu verurteilen, wenn ich an einem Sonntagmorgen das Frühstück vorbereitete oder, ganz alltäglich, den Geschirrspüler ausräumte, während du dir die Seele aus deinem Leib kotztest? Dich so zu sehen und zu hören, versetzte mich in Panik und zerriss mir gleichzeitig das Herz, während ich nutzlos und hilflos entweder nur danebenstand oder versuchte, etwas Alltag in diese Ausnahmesituationen hineinzubringen. Wir haben darüber geredet, immer und immer wieder. Du hast mir versichert, dass ich es gut machte und dass du es dir nicht besser vorstellen könntest. Und dass du selbst nicht wüsstest, wie du mit einer solchen Situation umgehen würdest. Ich sagte dir einmal, dass ich nicht wüsste, wer von uns beiden das «schrecklichere Los» gezogen hatte – wohl wissend, dass es auf diese Frage keine Antwort gab. Ich musste damit leben, dass es dir so schlecht ging, ohne auch nur das Geringste für dich tun zu können. Im schlimmsten Fall musste ich damit leben, dass du eines Tages nicht mehr da sein würdest. Und du warst ständig geplagt von Schmerzen und anderen Symptomen, nicht wissend, wie die Zukunft aussehen würde. Ich habe bis heute keine Antwort darauf, wer von uns beiden das schwerere Los gezogen hatte. Und dennoch ließen wir es uns nicht nehmen zu leben. Wir wollten die Hoffnung nicht aufgeben und uns der Situation stellen.

Das dritte Geschenk:
Ich fühle alles

Lange Zeit vor dieser Begegnung hatte ich irgendwann angefangen, meine Gefühle zu unterdrücken, damit ich sie nicht mehr spüren musste. Es war eine Art Überlebensstrategie, um mich meiner negativen Gefühle zu entledigen. Doch nach mehreren Jahren merkte ich, dass ich überhaupt keinen Zugang mehr zu meiner Gefühlswelt finden konnte. Auch als mir das bewusst wurde, war ich nicht in der Lage, den Schalter einfach wieder umzulegen. Erst später erkannte ich, dass ich, indem ich negative Gefühle vermied, mich auch der positiven Gefühle beraubte. Denn entweder wir spüren unsere Gefühle oder wir unterdrücken sie. Nur die positiven Gefühle zuzulassen und die negativen zu vermeiden, scheint aus meiner Sicht nicht zu funktionieren.

Dann kam Raphi in mein Leben und ich hatte keine Wahl mehr. In Anbetracht unserer Situation brachen alle Mauern, die ich jahrelang um mich herum aufgebaut hatte, mit einem Mal zusammen. Meine Gefühle überrollten mich wie eine Naturgewalt, die auf mich einwirkte. Es war keine Einladung, sondern ich wurde gewaltsam aus meiner Starre herausgerissen. Meine Gefühle waren überwältigend und oft beängstigend, aber gleichzeitig erlebte ich auch eine Befreiung. Es blieb mir absolut nichts anderes übrig, als mich meinen Gefühlen zu stellen, sie zu spüren und zuzulassen. Ich musste lernen, wie ich mit ihnen auf gute Weise umgehen konnte. Zuvor hatte ich jahrelang so gut wie nie geweint, schon gar nicht vor einem anderen Menschen. Und nun hatte ich keine Wahl. Alles brach aus mir heraus, wie ein Staudamm, der bricht.

Aber es war noch ein weiter Weg, um einen guten Umgang mit meinen Gefühlen zu finden, denn ich wurde von einem Extrem ins andere katapultiert. Manchmal saßen wir da und wussten nicht mehr, ob wir lachten oder weinten, denn wir bewahrten uns unseren Humor, der sich mit unserer Liebe, der Trauer und der Verzweiflung mischte. Dadurch entstanden die absurdesten Situationen. Ich glaube, ich habe genau das gebraucht, um aus meiner Erstarrung ausbrechen zu können. Ich weiß nicht, was für ein Mensch ich heute wäre, wenn ich Raphi nicht getroffen hätte. Mein Leben ist durch ihn so viel reicher, tiefer, bunter geworden, und dafür bin ich unendlich dankbar. Ich nahm meine Gefühle wieder wahr und war nicht mehr imstande, sie zu verbergen, weil sie bei bestimmten Themen einfach aus mir herausbrachen.

Dadurch veränderten sich auch andere Beziehungen in meinem Leben. Wer mit meiner gefühlsbetonteren Art umgehen konnte, wer es ertragen konnte, dass ich die Wahrheit auf der Zunge trug, und wer diese rohe Echtheit schätzte, rückte näher an mich heran. Wir lernten uns neu kennen und vertieften unsere Beziehung. Wer allerdings selbst Mühe hatte, sich seinen Ängsten und Gefühlen zu stellen, entfernte sich von mir. Auch dieser Prozess war manchmal schmerzhaft, wurde aber von meinem größten Schmerzthema überlagert. Zu der Zeit konnte ich mir nicht erklären, warum manche Menschen sich von mir entfernten, und ich war enttäuscht darüber. Heute kann ich es besser nachvollziehen. Denn dieser Tornado aus Gefühlen und existenziellen Fragen überrollte auch mein Umfeld, welches an meiner Seite blieb. Mir war zu diesem Zeitpunkt noch nicht klar, dass ich eine unsichtbare Linie überschritten hatte und nie mehr die Gleiche sein würde.

MEINE FRAGEN AN DICH:

- ○ Kannst du deine Gefühle wahrnehmen?
- ○ Erlaubst du deinen Gefühlen, zu sein?
- ○ Kannst du deine Gefühle spüren, ohne dich darin zu verlieren?
- ○ Kannst du deine Gefühle auf eine gesunde, konstruktive Weise ausdrücken/ausleben? (Freude, Wut, Ekstase, Enttäuschung etc.?)
- ○ Lässt du nahestehende Menschen an deinen Gefühlen teilhaben?
- ○ Kannst du es aushalten, wenn deine Mitmenschen ihre Gefühle ausdrücken?

«Freude ist wie ein Baum, der in den Himmel ragt, und die Traurigkeit sind die Wurzeln, die in die Erde hinabsteigen. Beide sind nötig.»

Osho

Himmel und Hölle sind der gleiche Ort

Dann kam der Tag des Eingriffes. Für diesen besonderen und wichtigen Tag hatte ich dir ein Lied geschrieben, es mit meinem Handy aufgenommen und dir vor der Operation gesendet. Du warst außer dir vor Freude. Obwohl es mich viel Überwindung gekostet hatte (ich sang zu der Zeit nur für mich im stillen Kämmerlein), machte es mir unglaublich Freude zu hören, wie sehr dich mein Lied berührt hatte. Das wollte ich ja auch erreichen.

Ich: Raphi, dieses Lied ist für dich, es heißt «Schritt für Schritt». Ich hoffe, dass es dich auf deinem weiteren Weg ermutigt. Du bedeutest mir sehr viel.

RAPHIS SONG

Du bist schon so weit gekommen,
gelaufen, spaziert und geschwommen,
hast Berge erklommen,
bist gefallen und wieder aufgestanden,
wieder aufgestanden.

Mit deiner Sehnsucht in der Brust
und dem Durst in deinem Herzen
kannst du alles sein und werden
und noch viele Schätze bergen
und in vollen Zügen leben –
du hast noch so viel zu geben.

**Refrain: Schritt für Schritt, weiter geht's,
das hier ist nicht das Ende,
vielleicht ein Anfang
oder eine neue Wende. (2x)**

Das Leben hat dich aufgerufen hinzusehn,
aufzustehen, weiterzugehen,
du musst es nicht verstehen,
nur den Moment annehmen,
in ihm aufgehen,
ihn dir ansehen.

Denn es ist Zeit, dir deiner Kraft bewusst zu werden,
für dich einzustehen,
es soll nun jeder sehen,
wer du bist,
weil das das Wichtigste ist,
dass du es nicht mehr vergisst.

**Refrain: Schritt für Schritt, weiter geht's,
das hier ist nicht das Ende,
vielleicht ein Anfang
oder eine neue Wende. (2x)**

Dein offener Blick, dein Lächeln, wie du die Welt siehst,
haben mich berührt,
zum Genießen verführt.

Und egal wo dieser Weg nun endet,
ich bin gerührt,
du hast mich berührt.

Ich kann dir nur sagen, wie dankbar ich bin, dir begegnet
zu sein,
so wie du bist,
weiß ich, bist du niemals allein.

Und wenn du willst, werde auch ich bei dir sein,
bei dir sein.

**Refrain: Schritt für Schritt, weiter geht's,
das hier ist nicht das Ende,
vielleicht ein Anfang
oder eine neue Wende. (2x)**

Ich kann mich noch gut daran erinnern, dass ich den ganzen Tag in Gedanken bei dir war, obwohl ich in einer Firma einen Workshop leitete. Sobald ich die letzte Lektion beendet hatte, machte ich mich auf in das Unispital in Zürich und wir hatten ein Timing, wie es im Bilderbuch stand. Genau in dem Moment, als ich die richtige Abteilung betrat, schoben sie dich aus dem OP-Saal und wenige Zeit später durfte ich deine Hand halten, dein Lächeln sehen und für dich da sein, während du dich langsam aus der Narkose herausarbeitetest.

Du musstest noch ein, zwei Tage im Spital bleiben, unterdessen organisierte ich ein Fondue chinoise für deine Rückkehr mit deinen Freunden. Ich war so dankbar, dass alles gut gegangen war. Mehr wussten wir auch da noch nicht. Es blieb uns nichts anderes übrig, als auf den Bericht über die Gewebeprobe zu warten.

Interessanterweise warteten wir lange auf den Bescheid (obwohl uns die Ärzte, die den Tumor entdeckt hatten, unmissverständlich erklärt hatten, dass es keine Zeit zu verlieren gäbe). Und eines Abends schriebst du mir:

Du: Ich habe gerade mit dem Spezialisten telefoniert. Die Ergebnisse sind noch nicht alle da, aber es ist definitiv ein Tumor, der behandelt werden muss. Aus chirurgischer Sicht ist nichts mehr zu machen und darum hat er es wieder an die Onkologie-Spezialisten weitergeleitet; die zwei Damen, die mir gesagt haben, dass es ein Tumor sein könnte und eine Biopsie notwendig ist. Ich sollte von diesen beiden Ärztinnen noch diese Woche kontaktiert werden, für einen Besprechungstermin betreffend der Behandlung. Ja, es ist mühsam, aber er kann nichts mehr für mich tun, das verstehe ich ja. Er versucht jetzt, bei den zwei anderen Ärztinnen Druck aufzusetzen, damit es da vorwärtsgeht, und bis zum Termin sollten dann auch alle Ergebnisse da sein.

Ich verstand es nicht. Ich verstand nur eines: Es ist besser, wenn man NIE, wirklich NIE auf dieses System angewiesen ist. Ich weiß, dass es gute Ärzte gibt, und gewisse Ärzte sind auch mit Herzblut bei der Sache und tun alles, um Menschen zu retten oder Leben zu verändern. Aber wenn man in eine Situation kommt, in der der klare Heilungsweg nicht funktioniert, dann kann nicht einfach etwas herausgeschnitten oder wieder zusammengeflickt werden. In einem solchen Fall wird es schwierig. Es bleibt nur zu hoffen, dass man diese Hilfe nie braucht und nicht von diesem System abhängig wird oder darauf angewiesen ist, dass es einen trägt.

Irgendwann bekamst du dann den Termin und mit klopfendem Herzen betraten wir den Besprechungsraum. Ich spürte sofort Beklemmung, Überforderung und so etwas wie Scham. Die Ärztin, die bereits im Raum war und uns aufforderte, Platz zu nehmen, schien sich mit irgendetwas beschäftigen zu wollen, um unseren Blicken ausweichen zu können. Sie verwies darauf, dass die eigentliche Drahtzieherin gleich kommen würde. Und wäre ich nicht so stark involviert gewesen, sondern weniger emotional betroffen, hätte ich das folgende Geschehen um ein Vielfaches unvorstellbarer gehalten …

Die zweite Ärztin betrat den Raum. Ohne Umschweife kam sie gleich zur Sache und warf mit Fachwörtern nur so um sich. Astrozytom, Stadium drei; fünf bis zehn Jahre Lebenserwartung mit Chemotherapie. Dann wollte sie wissen, ob wir ein Liebespaar seien und wie wir verhüteten. Kondome wären ab jetzt unabdingbar, meinte sie, sonst könnte es zu Fehlbildungen kommen.

Überhaupt, falls wir noch Kinder planen würden, sollte der Samen so schnell wie möglich eingefroren werden, da sonst keine Garantie für eine erfolgreiche Fortpflanzung bestünde. Auf die Frage, ob mit einer erfolgreichen Chemotherapie auch die Schmerzen verschwinden würden, antwortete sie: *«So genau weiß man das nicht, normalerweise haben Leute ab fünfzig plus solche Tumore.»* Sie gehe nicht davon aus, dass die Symptome verschwänden, allerdings würden sie für die nächsten fünf bis zehn Jahre auch nicht schlimmer werden, bis der Tumor dann weiterwachse. Daraufhin leierte sie die Nebenwirkungen der Chemotherapie wie ein Gebet herunter. Sie legte uns einige Broschüren mit Titeln wie «Krebs, wie gehe ich damit um» oder «Sperma einfrieren» hin und erwähnte nebenbei, dass es für solche Fälle eine Selbsthilfegruppe gäbe. Dann erkundigte sie sich obligatorisch, ob wir noch Fragen hätten, und erklärte, bis wann du (bzw. wir) deinen Entscheid bezüglich der Chemotherapie treffen solltest, den sie dir schwerstens ans Herz legte (obwohl laut ihr keine Heilungschancen bestanden). Den ganzen Papierkram würdest du übermorgen im Briefkasten haben.

Ich war total baff. Mir fehlten die Worte. Einige Jahre zuvor war ich mit einem Polizisten zusammen gewesen und hatte ihn auch beim Lernen während seiner Ausbildung unterstützt. Daher wusste ich, wie Gespräche zu führen waren, in denen man möglichst professionell und dennoch mitfühlend schwere Nachrichten überbringt. Auch wusste ich um die Wirkung einer schweren Diagnose auf den Patienten, denn die Art und Weise, wie eine solche vermittelt wurde, vermochte den Verlauf einer Krankheit zu beeinflussen. Ich war einfach nur schockiert und absolut empört über diese Art der Gesprächsführung. Jeder, wirklich jeder halb empathische Mensch hätte diese Informationen menschlicher vermitteln können, auch wenn es die Tragik der Situation nicht verändert hätte. Ich war so wütend und – was noch viel stärker war – einfach nur traurig. Dennoch versuchte ich, die Worte zu ordnen, ihnen einen Sinn zu geben und sie zu verstehen.

Wir weinten hinter dem Gebäude des Unispitals und bemühten uns, das gerade Erlebte zu begreifen. Dann stiegen wir in dein Auto und fuhren los. Wir machten unseren Roadtrip ans Meer.

Ich weiß bis heute nicht, woher du immer und immer wieder deine Kraft genommen hast. Völlig unabhängig davon, welche Symptome dich gerade plagten, wolltest du unsere gemeinsame Zeit genießen. Natürlich hat uns deine Verfassung massiv beeinflusst und immer wieder mussten wir beide eine klare Entscheidung treffen – für das Leben und gegen die Angst. Rückblickend ist es für mich einfach nur ein Wunder, dass wir beide es uns nie nehmen ließen, trotz der widrigen Umstände zu leben und gemeinsame Abenteuer zu erleben. Wir haben zusammen getanzt und es hat sich herausgestellt, dass du ein Naturtalent bist. Wir sind an einige Orte gereist, mit dem Auto, dem Flugzeug, auf der Vespa oder dem Kreuzfahrtschiff haben wir Cannes, Korsika, Thailand, Singapur, Norwegen und Sardinien erkundet. Wir sind aus einem Helikopter gesprungen – ich jedoch nicht ganz freiwillig, denn du hast mich überrascht und mir gesagt: *«Lass es uns heute tun, vielleicht ist es irgendwann zu spät!»* Wir haben im Baumhaus übernachtet, sind Gokart gefahren, sind gemeinsam aus Escape-Räumen ausgebrochen, haben Krimidinner mit Freunden organisiert, am Lagerfeuer Sterne betrachtet, Improvisationstheater gespielt, lange Spaziergänge im Wald unternommen, viel gelesen und miteinander diskutiert, zusammen geträumt und uns ausgemalt, wie unser Leben aussehen wird, wenn du wieder gesund bist. Wir haben gemeinsam Weiterbildungen besucht, denn du warst mindestens so wissbegierig und neugierig wie ich. Und wir haben es uns nie, wirklich nie nehmen lassen, daran zu glauben, dass es noch Hoffnung geben könnte. Wir versuchten, im Ausnahmezustand etwas Normalität zu finden. Wir packten in diese knapp drei Jahre, die wir uns kannten, so viel Leben, wie nur irgend möglich war.

Das vierte Geschenk:
Ich bin präsent

Wir wissen alle, dass unsere Zeit auf Erden begrenzt ist. Und obwohl es uns oft schwerfällt, unsere Endlichkeit zu akzeptieren, ist sie das größte Geschenk des Lebens an uns. Denn durch sie wird jeder Moment, den wir erleben, unendlich kostbar. Wir wissen, dass wir den Augenblick genießen sollten und dass alles, was eine Minute später passieren mag, ebenfalls ein unvorhersehbares Geschenk ist. Wir wissen, dass der jetzige Moment der einzige ist, der existiert. Wir wissen es, aber wir glauben es nicht.

Mit Raphi wurde mein Wissen zu einer Erfahrung. Jede Zelle meines Körpers fühlt seit der Begegnung mit ihm die Einzigartigkeit und die Kostbarkeit eines jeden Moments. Ich habe durch unsere gemeinsame Zeit eine Narbe erhalten, die mich immer wieder daran erinnert, wenn ich Gefahr laufe zu vergessen. Wenn ich alltägliche Situationen selbstverständlich hinnehme, im Trott versinke oder einem geliebten Menschen nicht die Aufmerksamkeit schenke, die ich mir wünsche, flüstert mir meine innere Stimme leise zu: «Dieser Moment ist kostbar, verpasse ihn nicht!» Dann erinnere ich mich daran, wie traurig es mich machen würde, wenn ich diesen Augenblick nicht bewusst erleben könnte. Und ich rufe mir ins Gedächtnis, wie schnell jener Mensch, den ich jetzt vor mir habe, in der Unendlichkeit des Universums verschwinden könnte.

Wir alle werden diese Erfahrung machen. Die einen früher, die anderen später. Wenn es so etwas wie Gerechtigkeit gibt, dann liegt sie darin, dass jeder Mensch die Fähigkeit entwickeln kann, die Kostbarkeit eines Moments zu erleben, im Wissen darum, dass er für jeden von uns enden wird. Wenn wir dies in der Tiefe unseres Herzens verstehen lernen, gewinnen wir nicht mehr Zeit, aber mehr Tiefgang, Echtheit, Verbundenheit, Liebe. Und das sind die Qualitäten, die im Leben wirklich zählen.

Ich hatte immer solche Angst, wie ich damit umgehen würde, wenn Raphi irgendwann nicht mehr da wäre. Der einzige Gedanke, der mich davon abhalten konnte, vor dieser Angst und vor ihm wegzulaufen, war: «JETZT bist du hier.» Ich wollte ihm JETZT begegnen. Und ich wollte alles in meiner Macht Stehende tun, bestmöglich diesen einen Moment mit ihm zu genießen, einfach nur um des Geschenkes willen, weil ich es konnte und weil er es verdient hatte. Und so sagte ich mir, dass ich dann nicht in Reue und Trauer verfallen müsste, wenn es möglicherweise so weit kommen würde, wie ich es nicht hoffte. Ich wollte die Momente mit ihm so bewusst erleben, wie ich konnte, diese kostbaren Schätze der Erinnerung tief in mich aufnehmen, damit sie mich fortan begleiteten. Ich wusste, dass es keinen Sinn hatte, meine Ängste wegzudrücken, zumal sie nur umso stärker zurückkommen würden. Ich schaute sie an, benannte sie und entschied mich dann für den Moment, in dem sich diese Ängste noch nicht bewahrheitet hatten.

Auch tröstete mich ein Gedanke, der mir etwas Ruhe gab: «Wenn ich eines Tages an dem Punkt stehen werde, wo das Unvermeidliche passiert, bin ich nicht mehr diejenige, die sich jetzt Sorgen macht. Dann bin ich eine stärkere Version meiner selbst, die sich auf ihrem Weg weiterentwickelt hat und von der ich noch keine Ahnung habe, wie sie reagieren wird.»

Ich würde nicht vorbereitet sein – auf so etwas kann man sich nicht vorbereiten, da wollte ich mir nichts vormachen. Aber möglicherweise würde ich eine Person sein, die, weil sie so viele Momente bewusst genossen hatte, auch das überstehen konnte.

Ich bin meiner jüngeren Version so unglaublich dankbar, dass sie diesen Gedanken gehabt hat, und manchmal bin ich selbst überrascht, woher ich die Kraft dazu nahm. Natürlich war es nicht leicht, denn allzu oft waren die gegenwärtigen Momente nicht nur schön oder einfach. Und gerade dann, wenn es anstrengend oder herausfordernd wird, neigen wir dazu, der Gegenwart unsere Präsenz zu entziehen. Doch in schwierigen Momenten müssen wir genauso präsent sein wie in schönen und harmonischen, denn auch sie können uns rückblickend fehlen. In ihnen liegt oft das Potenzial für wichtige Erkenntnisse und transformierende Veränderungen, wenn wir sie bewusst annehmen und dableiben.

Obwohl ich alles, was ich mir vorgenommen hatte, auch umgesetzt und gelebt habe, so gut ich es damals konnte, habe ich mir in der ersten Zeit nach seinem Tod viele Vorwürfe gemacht. Ich habe mir selbst vorgeworfen, dass ich in den schwierigen Momenten noch präsenter hätte sein können, noch liebevoller, noch aufmerksamer und noch einfühlsamer. Ich versuchte auch, die schönen Momente immer wieder durchzuspielen, die wir gemeinsam erlebt hatten, denn sie waren für mich, aufgrund der traurigen Umstände, Lichtblicke in der Dunkelheit. Diese wollte ich festhalten, nur um daraufhin festzustellen, dass ich dann im gegenwärtigen Moment nicht präsent sein konnte und bereits wieder einen wertvollen Moment mit einem für mich wichtigen Menschen verpasst hatte. Es war schmerzhaft, vor allem in der ersten Zeit, so hin- und hergerissen zu sein. Denn ich wollte leben, was ich von ihm gelernt hatte. Aber ich konnte ihn auch nicht von einem auf den anderen Tag loslassen.

FRAGEN AN DICH:

- Wie oft lebst du bewusst im Jetzt?
- Kannst du das Jetzt genießen?
- Welche Ängste und Sorgen in der Zukunft halten dich davon ab, voll im Hier und Jetzt zu sein?
- Welche Wünsche, Träume und Zukunfts- visionen halten dich davon ab, hier zu sein?
- Was brauchst du, um ab sofort präsenter in deinem Leben zu sein?

«Fange an, diesen Moment zu leben, und du wirst sehen – je mehr du lebst, desto weniger Probleme wird es geben.»

Osho

Wachstum als Chance

Schon bevor ich dir begegnet war, faszinierten mich wahre Geschichten von Menschen, die das Unmögliche möglich gemacht hatten. Menschen, die über Schicksale und Rückschläge hinausgewachsen waren, dadurch ihre inneren Schätze geborgen hatten oder überlebten, was normalerweise niemand überlebt.

Eines meiner Lieblingszitate ist bis heute:

«Alle sagten: Das geht nicht. Dann kam einer, der wusste das nicht und hat's einfach gemacht.»

Immer mehr beschäftigte ich mich mit dem Thema «Selbstheilungskräfte», setzte mich mit verschiedenen Coaching-Methoden und manuellen Behandlungen auseinander und bildete mich weiter. Du und ich, wir wollten die Lösung finden, um jeden Preis. Dafür war uns keine Idee zu weit hergeholt. Wir probierten alles aus, was zu diesem Zeitpunkt möglich war, hielten uns an den kleinsten Strohhalmen fest, lasen Bücher, so viele wir konnten, und investierten eine Menge Zeit und Energie, um herauszufinden, was du brauchst, um wieder gesund zu werden.

In dieser Zeit haben wir unglaublich viel gelernt, auf den verschiedensten Ebenen. Wir sind beide gewachsen, in einem unglaublichen Tempo, weil wir wussten, dass es unsere einzige Chance war. Und es machte uns Freude, gab uns Antrieb und Hoffnung.

Natürlich war uns bewusst, dass nicht jeder Mensch so etwas überstehen konnte. Und doch gab es Menschen, die genau das geschafft hatten. Wir wollten herausfinden, wie das möglich war. Ich wollte alles darüber lernen und wissen, um die berühmte Nadel im Heuhaufen zu finden, bevor deine Zeit abgelaufen war. Es war ein Wettlauf gegen die Zeit.

Wir haben alles versucht, was uns damals an Wegen und Mitteln zur Verfügung stand, dessen bin ich mir heute sicher. Auch wenn ich mich oft gefragt habe, was ich noch hätte tun können, hätte tun müssen.

Das Wunder zeigt sich nicht

Irgendwann wurde aus unserer Absicht, daran zu wachsen, und aus unserem Wunsch nach Heilung ein verzweifelter Kampf. Eine bleierne Hoffnungslosigkeit breitete sich zunehmend in uns aus.

Wir gingen beide sehr unterschiedlich damit um, doch waren wir beide starrköpfig und fest entschlossen, nicht einfach aufzugeben. Auch wenn wir noch nicht bereit waren, es auszusprechen, veränderte sich etwas tief in unserem Inneren, was wir sehr wohl bemerkten. Die Lebendigkeit, die Freude, der Sinn, alles, was das Leben lebenswert macht, verschwanden immer mehr aus unserer Beziehung. Etwas hatte sich grundlegend geändert. Jetzt kämpften wir nicht mehr für das Leben, sondern gegen dieses.

Ich habe keine Schmerzen –
Ich bin der Schmerz

Irgendwann wurde der Schmerz übermächtig. Inzwischen hatte sich dein Zustand massiv verschlechtert. Du sagtest nur noch wenig, weil dir das Sprechen schwerfiel. Die meisten verstanden dich nicht mehr gut, was dich unglaublich frustrierte, weil du gerne Konversationen führtest, gerne diskutiertest und über interessante Dinge philosophiertest. Dich zu bewegen, fiel dir ebenfalls schwer, weil dein Gleichgewichtssinn merklich nachließ. Du wurdest schwächer. Deine Welt mit allem, was dich beschäftigte, wurde kleiner und unübersichtlicher. Der optimistische junge Mann, der du vor wenigen Monaten noch warst, kämpferisch und lebenshungrig, schwand, was ich nur zu gut verstehen konnte. Dennoch raubte es mir jeden Tag etwas mehr den Atem. Die Verzweiflung nagte an mir Tag und Nacht. Wenn ich nicht bei dir war, «mein Leben» weiterlebte und dich zurücklassen musste, wie wir es vereinbart hatten, zerriss jedes Mal etwas in mir. Und wenn ich bei dir war, dich sah, war der Schmerz anders, aber genauso groß. Er lastete schwer auf meinen Schultern, er begleitete mich Tag für Tag, beherrschte mein Denken und lag bleiern und lähmend auf meinem Herzen.

Ich registrierte die ratlosen, beschämten und traurigen Blicke der anderen Menschen, wenn sie uns zusammen sahen, und glaubte zu bemerken, dass sie sich überlegten, in welchem Verhältnis wir zueinander standen. Es wurde schwerer, dich für etwas zu begeistern – mein

Gott, wie verständlich. Es wurde fast unmöglich, dich in einer Gruppe zu integrieren und dir ein Lächeln auf dein Gesicht zu zaubern, wenn ich dir etwas erzählte oder mit dir Zeit verbachte. Irgendwann wurde die Last so schwer, dass wir es beide wussten, bevor wir darüber redeten.

Der Tag würde kommen, sehr bald, an dem wir uns nichts mehr vormachen konnten. Wir waren kein Paar mehr. Deine Krankheit hatte dich, ob wir wollten oder nicht, in die Knie gezwungen und eine Beziehung war, auch wenn wir es uns noch so sehr wünschten, auf Augenhöhe nicht mehr möglich. Zu lange hatte dich deine Lebensenergie schon verlassen und die Umstände, die von der Krankheit beherrscht und gesteuert wurden, hatten dich geschwächt und verändert. Wir wussten es beide, dass uns unsere Beziehung im Laufe der Monate einfach so abhanden gekommen war. Und obwohl ich dies irgendwie gefühlt hatte und obwohl wir schon früh darüber gesprochen hatten, dass wir beide nie nur aus Mitleid zusammenbleiben wollten, tröpfelte die traurige Erkenntnis, dass eine Trennung unumgänglich war, nur langsam und zähflüssig in mein Bewusstsein. Als sie sich mir ganz zeigte, war da keine Kraft mehr, mich gegen diese Erkenntnis zu stemmen. Zu müde war ich von den vergangenen Monaten. Müde und unsäglich traurig. Eine Trennung, die nie wirklich eine war und doch so unumstößlich, wie sie nur sein konnte.

Die Erinnerung an das Versprechen

Wir trafen uns an diesem Tag am See, wo wir so viele schöne Stunden zusammen verbracht hatten. Dieser Platz war wie immer wundervoll und meine Augen füllten sich unaufhörlich mit schweren, salzigen Tränen. Der See, dieses wunderschöne Fleckchen Erde, verschwamm förmlich vor meinen Augen. Obwohl ich dich sehr nah neben mir wahrnahm und unsere starke Verbindung spürte, trennten uns Welten. Die Natur hatte einerseits etwas Tröstliches, andererseits schien es mir, als dürfte sie sich nicht so unbeschreiblich friedlich vor uns ausbreiten, als dürfte der See nicht so ruhig vor uns liegen, als dürften die Enten nicht gemächlich vor sich hin paddeln angesichts dieser trostlosen und aussichtslosen Lage.

Die ganze Situation hatte etwas Unwirkliches. Während wir so dasaßen, war die Stille zwischen uns unerträglich schwer und laut. Ich wollte es nicht aussprechen. Ich blickte auf den See und atmete schwer, während immer wieder Erinnerungsfetzen unserer gemeinsamen Zeit vor meinem inneren Auge auftauchten. Der Schmerz brannte wie Feuer in meiner Kehle und meinem Herzen. Wie sollte ich dich endgültig zurücklassen, wenn ich dich mit jeder Faser meines Körpers liebte? Mein Kopf versuchte verzweifelt, irgendeine Lücke zu finden in dieser Geschichte, einen Hoffnungsschimmer, irgendetwas, was wir noch nicht versucht, nicht in Betracht gezogen hatten, um das Unaussprechliche nicht wahrhaben zu müssen und doch noch zusammen einen Weg finden zu können.

Wir haben den Kampf verloren, ging es mir durch den Kopf. Wir sind da gelandet, wo wir nie hinwollten. Was hatten wir nur falsch gemacht? (Dieser Gedanke sollte mich in der kommenden Zeit noch oft quälen.) Trotz all der Verzweiflung, dem Schmerz, der Zerrissenheit und der Trauer wusste ich ganz tief in meinem Herzen, dass diese Entscheidung richtig und unaufschiebbar war. Wir hätten es noch einige Tage und Wochen hinauszögern können, den Schmerz noch länger ertragen können, und doch wussten wir beide, es würde nichts ändern. Auch du hattest jeden Tag Kämpfe ausgefochten, um, solange es ging, der Mann zu sein, der du sein wolltest, mit mir zusammen.

Mir ist nur ein Satz geblieben, den du mir an diesem Abend gesagt hast: «Ich möchte, dass du irgendwann die Beziehung leben kannst, die du dir sehnlichst wünschst, mit jemandem, der dir das geben kann, was du möchtest.» Es tat so unglaublich weh, in der Tiefe, ich kann es nicht beschreiben. Deine Worte waren aufrichtig, das spürte ich sehr deutlich, obwohl dein Schmerz um den Verlust noch so viel stärker war als meiner. Ich war einmal mehr überwältigt von deiner Größe.

Ein Lichtblick

Natürlich wusste ich, dass die Vorstellung, ein neuer Mann könnte in mein Leben treten, dein Herz in tausend Stücke zerbrach. Und doch wolltest du immer nur das Beste für mich. Natürlich war ich irgendwo auch etwas empört über deine Aussage. Denn ich wollte keinen anderen Mann, ich wollte dich! Ich wollte stark sein, in Wahrheit war ich so schwach wie nur selten in meinem Leben.

«Und jetzt?», fragte ich dich an diesem Abend am See. «Sehen wir uns nicht mehr? Hören wir uns nicht mehr? Ich kann und will das nicht. Ich möchte für dich da sein, ich will dennoch wissen, wie es dir geht. Wenn du das kannst, kann ich es auch.» Eigentlich mussten wir ja nur unsere Liebesbeziehung in eine Freundschaft verwandeln. Oder besser gesagt, das war bereits passiert. Eine tiefe Liebe war da. Eine tiefe Verbundenheit war da. Eine unglaubliche Freundschaft war da. Es bestand nur nicht mehr die Möglichkeit, unsere Liebe auf eine bestimmte Art und Weise zu leben.

Nach unserem Treffen war ich total verstört und konnte kaum fassen, was gerade passiert war. Ich wusste nicht, was unsere Trennung für mich und mein Leben bedeutete und wie ich damit umgehen sollte. Dennoch schaffte ich es, in meinem Alltag weiterhin zu funktionieren.

Nur zwei oder drei Tage später machte mir das Leben ein Geschenk. Es schenkte mir eine Perspektive und gab mir die Möglichkeit, meine Trauer und meine Wut über die Ungerechtigkeit in Energie zu transformieren und diese in etwas anderes zu investieren. Es wirkte auf mich wie ein Wunder. Völlig unerwartet bekam ich ein Angebot, bald mein eigenes Studio übernehmen zu können. Und während ich meine Vision von einem ganzheitlichen Gesundheitskonzept in diesem Studio

Schritt für Schritt umsetzen durfte, stellte das Leben mir jemanden an meine Seite, der mich bis heute begleitet. Er brachte die Größe und die Geduld mit, um mir in den kommenden Jahren zu helfen, aus meinem Tal der Tränen wieder zurück ins Leben zu finden.

Das fünfte Geschenk:
Ich vertraue dem Leben

Was dieses Geschenk betrifft, war ich in den letzten Jahren hin- und hergerissen. Noch heute fordert es mich stets aufs Neue unglaublich heraus. Manchmal nehme ich eine tiefe Verbindung zum Leben wahr, doch dann verschwindet sie wieder. Ich weiß nicht, warum wir diese Verbundenheit nur in bestimmten Momenten intensiv erleben dürfen. Vielleicht geht es darum, auf diese Weise unser Vertrauen ins Leben zu festigen. So können wir uns immer tiefer in diese Verbundenheit hineinbewegen, auch wenn wir sie manchmal nicht durch klare Zeichen oder Empfindungen wahrnehmen.

Immer dann, wenn ich zu zerbrechen drohte, öffnete ich mich und erlaubte es dem Leben, mich zu weiten. Denn in solchen Momenten haben wir nur zwei Möglichkeiten: Entweder wir zerbrechen oder wir geben uns dem Leben hin und vertrauen. Bis jetzt konnte ich mich immer wieder dafür entscheiden, zu wachsen und mich für die dazugehörigen Wachstumsschmerzen zu öffnen, bis sie nachließen und ich in neuer Größe und Stärke daraus hervorkam. Ich möchte dir nicht erzählen, dass es dadurch einfacher wurde. Doch ich kann dir aus eigener Erfahrung sagen, dass mein Vertrauen ins Leben mit jedem Mal weiter wuchs.

Ich hatte mir das Versprechen gegeben, die Verantwortung für mein Leben selbst zu übernehmen und mich, unabhängig von meinen Erfahrungen, für die Freude zu entscheiden. Die Erinnerung an dieses Versprechen hat mich immer wieder ins Leben zurückgeholt. Ich bin mir mittlerweile sicher, dass mich das Leben trägt, auch dann, wenn ich es nicht verstehe und ich mich klein und hilflos fühle. Ja, ich werde vom Leben unterstützt, selbst oder gerade dann, wenn ich es überhaupt nicht spüren kann.

In dem Moment, als sich mir die Chance auftat, mein eigenes Studio zu übernehmen, fühlte ich mich vom Leben, trotz der traurigen Umstände, getragen. Ich hatte eine Aufgabe, einen Sinn, wofür es sich lohnte weiterzumachen.

· ·

MEINE FRAGEN AN DICH:

- O Vertraust du dem Leben?
- O Was gibt deinem Leben einen Sinn, auch in den dunkelsten Stunden deines Seins?
- O In welchen Momenten wurdest du vom Leben getragen?
- O Ist es Zeit für dich zu wachsen?

«Jeder Mensch kommt mit einem speziellen Schicksal auf diese Welt. Er hat etwas zu vollbringen, eine Nachricht zu vermitteln, eine Arbeit fertigzustellen.»

Osho

Inmitten des Sturms

Jeder von uns wollte nur das Beste für den anderen. Unsere Liebe zueinander war unerschüttert, aber die Umstände ließen zu diesem Zeitpunkt eine gesunde Beziehung schlicht nicht mehr zu. Wenn ich auf Unternehmungen verzichtete, um bei dir zu bleiben, spürte ich, dass du zwar dankbar dafür warst, aber dennoch war es dir nicht recht, mich vom Leben abzuhalten. Und wenn ich dich zurückließ, um meinem Weg zu folgen, Dinge zu erleben, im Wissen, dass du sie auch geliebt hättest, zerriss es mir fast das Herz. So oder so, ich fühlte mich immer schlecht. Wir sahen keinen Ausweg mehr. Das Gefälle zwischen uns wurde unwiderruflich zu groß und dennoch wollte ich dich nicht allein lassen. Ich wollte dich begleiten, bei dir sein, das wurde mir in einem speziellen Moment bei dir zu Hause bewusst. Da spürte ich, dass meine Seele und mein Herz sich für dich entschieden hatten, egal wie es ausgehen würde.

Es war Sommer, als wir uns in Liebe und gegenseitigem Einverständnis trennten. Trotzdem hörten wir in der Zeit danach fast täglich voneinander. Gegen Jahresende spürte ich, wie schlecht es dir gesundheitlich ging und dass dein Lebenswille und deine Energie zunehmend schwanden. Dennoch entschloss ich mich dazu, über Weihnachten und Neujahr meine Jahrespause, die ich beruflich immer einlegte, mit einer Freundin, mit der ich in diesem Jahr eine intensive Coachingausbildung gemacht hatte, anzutreten. Wir hatten uns vorgenommen nicht einfach einen normalen Urlaub zu machen. Wir wollten die gemeinsame Zeit nutzen, um uns vertieft mit uns selbst auseinanderzusetzen, uns gegenseitig bei unseren inneren Prozessen zu unterstützen und uns neu auszurichten, um gestärkt und klarer aus unserem Urlaub zurückzukehren. In den Jahren zuvor hatte ich meine Urlaube immer mit dir verbracht.

Mit meiner Freundin flog ich nach Miami, hielt aber weiterhin Kontakt mit dir. Ich erzählte dir ab und zu, was ich erlebte, welche Gedanken mir durch den Kopf gingen, welche Gefühle mich durchfuhren. Gelegentlich sendete ich dir ein Foto, in der Hoffnung, es möge dir vermitteln, dass ich dich dennoch ein Stück mit mir mitgenommen hatte.

Du: Schön ;) es freut mich wirklich, habt ihr es so gut!!

Ich: Danke.

Ich: Ich hoffe, du meinst das ernst … Irgendwie habe ich das Gefühl, die Entfernung zwischen uns wird immer größer (was ich akzeptieren kann, wenn es für dich auch okay ist) … Ich «verstehe» es und eventuell ist es auch ein Teil eines Prozesses, den wir zulassen dürfen und der dazugehört und für uns wichtig ist.

Du bist in meinem Herzen und hast deinen Platz. Ich sende dir gute Gedanken und Energie, merke aber auch, dass mir immer mehr konkrete Worte fehlen …

Du: Ich meine es so. Ich weiß doch auch, dass ich manchmal mehr und manchmal weniger eine Last für dich war, und jetzt kannst du einfach du sein!!

Klar bin ich megatraurig, dass ich dich nie so unbeschwert erlebt habe, wie du jetzt sein kannst ... und ich bin auch mega traurig, dass es mir so geht und ich dir nichts Besseres sagen kann!

Es ist auch schwer für mich als dein Ex-Freund zu akzeptieren, dass ich nicht der letzte Mann in deinem Leben sein werde. Dass du deinen Körper und dein Leben feierst, auch ohne mich, ist völlig verständlich ...! Ich würde es, denke ich, nicht anders machen, das Leben feiern, auch wenn es mir wehtun würde, dich so zu sehen ... Ich kann dir nichts anderes sagen als: Genieße Miami, tu alles, was du später sonst bereuen würdest, wenn du es nicht machen würdest, und tu das nicht, was du bereuen würdest ...

Ich werde unsere Zeit nie vergessen und möchte nicht, dass wir keinen Kontakt mehr haben. Ich hoffe einfach, du weißt, dass es ultraschwer ist (wahrscheinlich auch ein Lernprozess für mich), dass ich immer in Bewegung war, und jetzt bin ich quasi an mein Sofa gebunden ...! Vor einem Jahr waren wir zusammen am Meer, ich habe mich zwar gekratzt und gekotzt, aber wir hatten dennoch uns ... Jetzt sehe ich aus wie jemand aus einem KZ-Lager und kann kaum laufen, und dich habe ich auch nicht mehr so wie damals ...

Du: Lebe DEIN Leben ... Das würdest du mir auch sagen ... Ich habe einfach nichts mehr, bis auf mein Sofa, TV oder mein Handy ... meditieren und Supplemente ...

Ich habe auch gar nicht mehr meinen Fokus darauf, mit dir zusammen sein zu wollen, und trotzdem tut es ultraweh!

Als ich diese Nachricht von dir erhielt, saß ich gerade mit meiner Freundin im Starbucks um die Ecke unseres Appartements. Deine Worte trafen mich tief in mein Herz und rissen die bis dato größte Wunde erneut auf, die mein Herz bis anhin gekannt hatte. Meine Freundin und ich saßen schweigend da. Uns beiden rollten die Tränen still herunter. Es hat mich sehr berührt, wie meine Freundin einfach sitzen blieb und diesen unsäglichen Schmerz und die Trauer mit mir teilte und ertrug.

Ich: Danke von Herzen für deine Worte ... Was für eine Größe ... Dafür schätze ich dich so sehr ... Das werde ich und ich wünsche mir für dich von Herzen nur das Beste ... Und ich möchte auch nicht ganz weg sein.

Ich: Ich weiß, wir haben unser Bestes getan und gegeben, und umso mehr möchte ich wertschätzen, was ich habe – auch ein wenig für dich.

Ich: Glaube mir, mir fällt es auch schwer ...

Ich: Das zu lesen, dich so zu sehen ...

Du: Ich weiß, dass es nicht leicht ist für dich ... Du hast dir ja auch etwas anderes gewünscht für uns, und dennoch ist es mir wichtig, dass du dein Leben lebst! Und glücklich wirst!

Ich: Danke.

Ich: Ich schätze dich sehr. Du bist wundervoll und ich liebe dich – vergiss das nicht!

Deine Worte hallten noch lange in meinem Kopf und in meinem Herzen nach. Ich wurde immer wieder vom eigentlichen Moment abgezogen und eingehüllt in diesen Schleier der Trauer und Verzweiflung. Obwohl das Meer, auf das wir später blickten, meinen unruhigen Geist und mein geschundenes Herz etwas zu beruhigen vermochten, tat sich in mir eine Angst und Leere auf, die mich zu verschlingen drohte.

Ich: Deine Nachricht hat mich so beschäftigt … so erschüttert … Es ging mir durch Mark und Bein … Einerseits so schön, deine Größe, deine Liebe mir gegenüber, was du mir wünschst, wie du zu uns stehst, dass du den Kontakt dennoch willst. Andererseits tut es weh zu lesen, dass du (verständlicherweise) gar nicht mehr den Fokus darauf hast, mit mir zusammen sein zu wollen … Wahrscheinlich ist das auf eine bestimmte Art auch «richtig» in dieser Situation … Gibst du jetzt auf? (Das ist nur so ein Gedanke/eine Angst, die mir durch den Kopf ging.) Und dennoch fühlt es sich so an, wie wenn wir uns nochmals trennen würden … Ich könnte die

Welt anschreien, wie unfair sie ist, was das soll und so weiter, wenn ich lese, was dir im Moment noch bleibt … Und dann bin ich so unglaublich dankbar, dass wir diese Zeit noch hatten und sie SO genossen haben!!!!!

Dann frage ich mich wieder: Lebe ich mein Leben? Werde ich dieser Erfahrung mit dir gerecht, dass es «wenigstens noch etwas Gutes» gehabt hat? Ich weiß es nicht … Ich möchte es dir versprechen, dir und uns, und ich versuche es jeden Tag. Und dennoch ist es schwierig, an das Gute im Leben zu glauben in solchen Momenten …

Wir haben hier in Miami «unser altes Ich» verabschiedet (es meldet sich manchmal dennoch zurück), haben uns selber geheiratet, das Neue definiert, jeden Tag ein Prinzip von Deepak Chopra gelesen, ich habe meditiert und wir haben viel diskutiert, uns gegenseitig getestet und so weiter … Ich hoffe echt, dass ich das alles umsetzen kann, wenn ich zurück bin … Das Thema «Leiden» ist hartnäckig, das Gefühl, nicht gut genug zu sein … Ich weiß aber auch, es ist Zeit zum Auf- und Ausbrechen in eine neue Ära, und daran bist du maßgeblich beteiligt.

Ich würde dir sooo gerne etwas sagen, was dir guttut, etwas, das dich ermutigt, etwas, das dich freut oder einen Moment Frieden schenkt … Aber ich wiederhole mich … Das Einzige, wirklich das Einzige, was mich tröstet, ist: «dem Leben vertrauen» … dieser Urkraft, dem Universum, unserer Seele, unserem Seelenplan … und daran zu glauben, dass es auf irgendeiner Ebene, auch wenn ich es nicht verstehe, Sinn macht … und dass du deinen Frieden findest, auf welche Art auch immer … Und ich möchte, dass du weißt, dass du mein Herz berührt hast … dass du mich begleitest und ich nie der Mensch sein dürfte und könnte, der ich jetzt bin, wenn ich dich nicht getroffen hätte … Und für dieses Geschenk und deine Liebe danke ich dir von ganzem Herzen und aus tiefster Seele. Ich spüre und ich «weiß»: Wir bleiben verbunden, so oder so … Ich bin für dich da, so gut ich es kann … Und gleichzeitig verspreche ich dir: Ich gebe mein Bestes, um meinen Weg zu gehen … als neue, glücklichere Version. Und ich werde versuchen, die Welt ein klein wenig besser zu verlassen, als ich gekommen bin, nicht zuletzt auch ein bisschen für dich/uns im Andenken an alle die Gespräche, Ideen, Träume, die wir beide gehabt haben. Ich lasse sie los und weiß dennoch, sie sind ein Teil von mir.

Du: Ich weiß nicht, was ich zurückschreiben soll! Danke für diese Nachricht und deine Worte! Das zeigt mir einmal mehr, dass ich dir nicht egal bin. Ich würde ein unbeschwertes Leben mit dir oder sogar eine unbeschwerte Beziehung mit dir lieben! Das Einzige, was auch mir bleibt, ist zu hoffen … zu vertrauen … dass alles so kommt, wie es gut für uns ist. Ich denke so oft an dich und ja, vielleicht ist das auch eine Aufgabe für mich, dieses Bild von uns lernen loszulassen ;(

Ich: Soeben haben uns zwei Waschbären beim Frühstück hallo gesagt ;)

Du: Herzig.

Der Abschied

Du: Ich bin wieder hingefallen … auf den Kopf … mit Platzwunde … mein Vater und seine Frau waren kurz da … so wird Exit ganz schnell ein Thema …

Ich: Ist denn etwas anders? Soll ich später vorbeikommen?

Du: Ja, einfach gar keine Energie mehr. Bin einfach sehr down.

Ich: Also soll ich vorbeikommen?

Du: Ja, wann etwa?

Mein Herz raste. Meine Gedanken schnellten schneller durch meinen Kopf als normalerweise. Ich wusste instinktiv, ich musste dich besuchen. Ich wollte dich besuchen und ein anderer Teil in mir scheute sich davor, ja, sträubte sich sogar ein bisschen, was wiederum Schuldgefühle in mir auslöste, da ich es die letzten Wochen vermieden hatte bzw. ein Besuch sich nicht ergeben hatte. Es war die längste Zeitspanne, in der wir uns nicht gesehen hatten seit unserer Trennung, ja, sogar seit ich dich kannte. Ich beendete mein Training inmitten des Satzes, zog mir irgendetwas über, setzte mich in mein Auto und machte mich auf den Weg.

Mit klopfendem Herzen, einem Klumpen im Magen und einem undefinierbaren, diffusen Gefühl stand ich plötzlich vor deinem Haus. Ich ahnte, dass dies ein wichtiger Moment sei, ein Moment, den ich immer gefürchtet hatte und der dennoch jetzt da war. Ich las die Zeilen des Briefkastens, und bevor ich einen klaren Gedanken fassen konnte, hörte ich meine innere Stimme sagen: «Irgendwann steht dein Name einfach nicht mehr da.» Ich wollte mich selbst fragen, wie ich etwas so Ungeheuerliches denken konnte und warum gerade jetzt, doch da öffnete sich schon die Haustüre. Dein Vater ließ mich mit einem traurigen, müden Blick herein und ich spürte sofort, dass irgendetwas anders war.

Die nächsten Minuten und Stunden sollte ich später noch oft in meinem Kopf durchspielen, mit großer Trauer, tiefer Dankbarkeit, dass ich dir noch einmal bei Bewusstsein begegnen durfte (hattest du auf mich gewartet?), und begleitet von einer fiesen kleinen Stimme, die mich fragte, ob ich wirklich alles getan hatte, was in meiner Macht stand.

Du hast noch nie so schwach, traurig, ja, zerbrechlich ausgesehen wie in diesem Moment. Manchmal konnte ich dein Wesen kaum noch erkennen in dieser Hülle eines kranken Körpers. Und dann blitzte es auf einmal wieder auf, als du mich mit deinen wunderschönen, unergründlich tiefen, großen Augen traurig ansahst, aus denen das schelmische Glitzern schon lange verschwunden war. Deine Blicke sagten mir ohne Worte so viel mehr, als du selbst noch sagen konntest.

Mein Herz brach bei deinem Anblick zum hundertsten Mal, seit ich dich kannte, in tausend Stücke. Es schmerzte regelrecht physisch, aber ich schluckte meine

Trauer, Verzweiflung und Hilflosigkeit herunter, riss mich mit aller Kraft zusammen und versuchte, dir ermunternd zuzulächeln. Denn ich brachte kein Wort heraus.

Du atmetest schwer, sprachst gar nicht mehr und trankst anscheinend auch seit Tagen kaum etwas, wie mir dein Vater erzählte. Da waren sie wieder, diese schweren Gedanken, verbunden mit diesem tiefen, bedrohlichen Ziehen in meinem Herzen: «Bist du dich aus deiner Hülle am Herauslösen?» Deine hagere Gestalt glich nur noch schwer erkennbar dem einst vor Kraft, Mut, Hoffnung und Lebensfreude strotzenden jungen Mann an meiner Seite und ich sah, wie unendlich müde du vom Kämpfen warst. Ich setzte mich hin zu deinen Füßen, strich dir sanft über deine Beine und wünschte mir, ich hätte dich mehr berührt. Ich wünschte mir, ich hätte jede Sekunde noch tiefer und präsenter genossen und dir in jedem erdenklichen Moment gezeigt, wie viel du mir bedeutest.

Dein Vater redete ununterbrochen monoton von irgendwelchen belanglosen Dingen oder von den grauenhaften Tatsachen der letzten Tage. Aber ich hörte nur mit einem Ohr zu. Ich wollte dich wahrnehmen, bei dir sein, dir noch so vieles sagen und wünschte mir, dein Vater würde endlich verstummen. Dennoch verstand ich es, dass er die Stille, diese unerträgliche Stille, gepaart mit Hilflosigkeit und unendlichem Elend, ohne zu reden nicht ertrug.

Es war Essenszeit und die Spitex hatte ein Mittagessen vorbeigebracht, das für dich bereitstand. Dein Vater war sofort zur Stelle, um dir zu helfen, vom Sofa aufzustehen. Er platzierte deine Hände auf seinen Schultern und so konntest du die wenigen Meter vom Sofa zum Esstisch im Gänsemarsch bewältigen. Es schien, als hättet ihr beide diesen Gang schon des Öfteren zusammen durchgespielt. Dieses Bild brannte sich in mein Gedächtnis ein. Es war so herzzerreißend, so falsch, so unglaublich unfair, mit ansehen zu müssen, wie deine größte Angst Wirklichkeit geworden war. Du konntest dich nicht einmal mehr selbstständig in deiner Wohnung bewegen.

Die nächsten Minuten waren mitunter die schwersten, die ich in meinem Leben bis anhin erlebt hatte. Sie schienen zäh wie Kaugummi zu vergehen, ein hässlicher, abgelutschter Kaugummi, der wie ein Kloß im Hals festsaß, mir den Magen umdrehte und mein Herz zerdrückte, als wäre es unter einer tonnenschweren Last begraben. Ich sah zu, wie du minutenlang unter schwersten Anstrengungen versuchtest, ein Stück gekochte Karotte zu kauen und herunterzuschlucken, begleitet von deinem schweren Atmen und dem vermehrten Sichverschlucken, das sich anhörte, als würdest du gleich vor meinen Augen ersticken und dich gleichzeitig übergeben müssen. Dies mit ansehen zu müssen, war eine emotionale und physische Qual, die ich kaum zu beschreiben vermag.

Jetzt versuchte auch ich irgendetwas zu erzählen, einfach damit die Stille mich nicht erdrückte. Du schautest mich an, tief, lange, bedeutungsvoll, und ich weiß bis heute nicht, was du mir noch sagen wolltest, und doch verstanden wir es beide.

Du machtest eine kleine Kopfbewegung hin zu dem Logo auf meiner Brust, das Logo meiner Firma, die ich gerade aufbaute und für die du, solange du noch einigermaßen bei Kräften warst, so vieles im Hintergrund am Computer erledigt hattest, um mich zu unterstützen. Ich wusste sofort, dass du wissen wolltest, wie es lief, denn obwohl oder gerade weil du seit Längerem immer weniger versucht hast zu sprechen (das Sprechen fiel dir zunehmend schwerer), verstand ich deine Körpersprache wie keine andere. Selbst in den letzten Stunden, in deiner größten Not, interessierte es dich noch, wie es mir und meiner Firma ging.

«Gut», sagte ich und zeigte dir auch den Opal, das erste Geschenk, das du mir zu meinem 29. Geburtstag zu meiner großen Überraschung geschenkt hattest und das ich seitdem jeden Tag um meinen Hals trage.

Ich ertrug diese Situation zunehmend schwerer, der Kloß in meinem Hals wurde unerträglich. Ich hatte das Gefühl, selbst kaum atmen zu können, und wollte nur noch weg. Ein Gefühl, das mich wiederum fast zerriss, wie schon oft, wenn ich dich so zurücklassen musste.

Gerade als ich gehen wollte, klingelte das Telefon deines Vater. Und obwohl ich bereits meinen Mantel angezogen hatte und im Gang stand, wusste ich instinktiv, dass es unser letzter Moment sein würde. Ich ging zurück in die Küche, wo wir nun einen Moment allein waren, stellte mich neben dich, strich dir über den Rücken und flüsterte dir zu, wie sehr ich dich liebhabe und dass du das bitte nicht vergessen solltest! (Ich war im Nachhinein so unglaublich dankbar, dass ich dir das noch sagen durfte und du es hören konntest!!)

Schweren Herzens und irgendwie verstört verließ ich die Wohnung. Ich ahnte, dass deine Blicke, die du mir noch geschenkt hattest, viel mehr sagten, als es den Anschein hatte, oder auch das Letzte sagten, was ich in diesem Leben noch von dir hören würde.

Diese Begegnung ließ mich nicht mehr los. Ich nahm die Erinnerungsfragmente und die dazugehörenden Gefühle mit mir mit.

Ich: Es tut mir so unglaublich, so unbeschreiblich weh, dich so zu sehen ;(;(;(Und ich verstehe so gut, dass du so nicht mehr kannst und willst ... Ich weiß echt nicht mehr, was ich sagen soll ... Es fühlt sich so unglaublich falsch an, dich so zu erleben ... Manchmal hatte ich das Gefühl, dass ich dich gar nicht mehr sehe, in dieser «Hülle», und dann warst du auf einmal wieder da ... aber so gefangen in deinem Körper. Und ich sehe deinen tieftraurigen Blick ... deine wunderschönen, aber unendlich traurigen Augen ... Und ich habe es fast nicht ausgehalten in dieser Situation ... **(*gelesen*)**

Ich: Ich wünschte, ich könnte etwas tun, das dir auch nur etwas Linderung verschafft ... und hoffe, du weißt, ich habe dich nicht vergessen, auch wenn ich weniger vorbeikomme ... Sehr vieles erinnert mich an dich und ich sende dir so oft gute Gedanken! Ich habe dich lieb! Ich hoffe, das vergisst du nicht ... **(*gelesen*)**

Ich: Wenn du möchtest, dass ich wieder einmal komme, wenn wir alleine sind, sag es bitte ... **(*gelesen*)**

Bild **(*gesehen*)**

Ich: Hey, mich beschäftigt unser Treffen gestern so …
Wenn ich in irgendeiner Form irgendwie eine Unterstützung sein kann, sag es mir bitte … Ich hoffe einfach, du bist in guten Händen. Sie schauen dir gut,
gehen liebevoll mit dir um … **(*nicht mehr gelesen*)**

Ich: Bild **(*nicht mehr gesehen*)**

Bis zum letzten Atemzug

Den ganzen Tag über war ich verstört, fahrig, in Gedanken
und Bildern versunken. Gedanklich kehrte ich immer
wieder zu der Begegnung am Vortag zurück und ein dif-
fus bedrückendes Gefühl hatte mich fest im Griff. Ich
buchte eine Massage, ganz bewusst mit der Absicht: «Tu
etwas, das dir guttut, auch wenn kein spezieller Anlass
besteht.» Und obwohl es guttat, ließen mich auch während der Massage die Gedanken, Bilder und mein Gefühl
nicht los. Während ich so dalag, war es auf einmal präsent. Ein Bild deiner Beerdigung. Ich vorne stehend, ein
Poetry-Slam-Gedicht vortragend …

Sofort erzählte ich meinem Freund von diesem Bild,
weil ich gerade daran war zu lernen, meine Intuitionen
zu überprüfen und mitzuteilen, um mehr Vertrauen in
diese Fähigkeit zu erlangen.

Wieder zu Hause angekommen, überwältigte mich ein

heftiger Heulkrampf. Ich hatte den ganzen Tag nichts von dir gehört, und nachdem ich mich einigermaßen beruhigt hatte, schrieb ich deinem Vater, ob alles okay sei. Er antwortete mir rasch, dass du wieder im Spital seist, er heute aber keinen Besuch mehr empfehle.

Und dann, als ich mehrere Stunden später wieder auf mein Handy schaute, sah ich, dass mich deine Mutter angerufen hatte. Und dein Vater hatte mir geschrieben: «Er liegt im Sterben.» Eine Art Ohnmacht überfiel mich und Schmerz durchströmte meinen Körper. In den ersten paar Sekunden konnte ich keinen klaren Gedanken fassen.

Ich rief deinen Vater an, der mir erklärte, er würde mir nicht unbedingt empfehlen, zu dir ins Spital zu kommen. Er selbst sei vor wenigen Minuten gegangen, um sich zu erholen; es sei kein schöner Anblick und könne noch einige Stunden dauern, aber deine beste Freundin sei auf dem Weg und möchte unbedingt zu dir.

Wie ich das hörte, war mein Entschluss gefasst. Ich rief deine beste Freundin an, denn ich wusste sofort: Ich wollte zu dir.

Als ich mit klopfendem Herzen vor deiner Spitaltüre stand, hatte ich keine Ahnung, was mich dort drinnen erwarten würde. Ich hatte bis anhin nur einmal einen mir sehr nahestehenden Menschen verloren und konnte mich vorher noch von ihm verabschieden. Diese Situation war völlig neu für mich. Ich öffnete die Türe und sah, dass deine beste Freundin und ihre Mutter schon an deinem Bett saßen.

Deine Atmung war nur noch stoßweise und schwer. Und doch, wie du so dalagst, sahst du auf einmal wieder dem Mann ähnlich, mit dem ich zusammen gewesen war. Der Mann, mit dem ich zweieinhalb Jahre gekämpft hatte und durch unvorstellbare Höhen und Tiefen gegangen war.

Ich hielt deine Hand. Die Mutter deiner besten Freundin, eine erfahrene Krankenschwester, erklärte uns ruhig, was uns in den nächsten Minuten und vielleicht Stunden erwartete. Sie und deine beste Freundin redeten mit dir, sprachen dir gut zu, dass du genug gekämpft und es gut gemacht hattest, was für ein toller Mann du bist und dass es jetzt Zeit wäre loszulassen. Ich brachte kein Wort heraus, war aber in Gedanken mit dir im Gespräch, sagte dir einmal mehr, wie fest ich dich lieb habe, wie stolz ich auf dich bin, wie unglaublich dankbar ich dir bin und wie sehr du mir fehlen würdest. Und obwohl ich von unsäglicher Trauer erfüllt war, war ich gleichzeitig so unglaublich dankbar, bei dir sein zu dürfen.

Wir drei diskutierten noch, ob unsere Anwesenheit für dich okay sei, weil wir zuvor nie darüber gesprochen hatten. Dafür hattest du noch zu sehr an deinem Leben gehangen und darum gekämpft. Als deine beste Freundin eine lustige Geschichte erzählte und wir alle, trotz der Umstände, lachen mussten, nahmst du den letzten tiefen Atemzug und es wurde still. Du hast dich von uns für immer verabschiedet, als wir lachen mussten; wie typisch für dich. Du hast mir immer gesagt, dass du mein Lachen liebst, und besonders, wenn ich wegen dir lachen musste.

Wir öffneten das Fenster, sodass deine Seele empor-
steigen konnte, auf zum nächsten Abenteuer. Die Mutter deiner besten Freundin erzählte uns, was für eine
unglaubliche Ehre es sei, wenn man einen Sterbenden
bis an sein Ende begleiten dürfe, das sei selten. Die
Geschichte war rund, so rund wie eine solche Geschichte
nur sein konnte.

Dein Ende ist mein Anfang

Die kommenden Tage und Wochen waren für mich
oft verschwommen, geprägt von unbeantworteten
Fragen und immer wiederkehrenden Heulkrämpfen.
Den stärksten Schmerz empfand ich, wenn ich daran
dachte, wie unglaublich gerne du gelebt hättest und
dass dir dieser Wunsch nicht erfüllt wurde. Ich fühlte
mich, als hätte ich den größten und wichtigsten Kampf
meines Lebens verloren. Als du deinen letzten Atemzug
genommen hattest, um zu gehen, holte ich erstmals
Luft und hatte keine Ahnung, wie ich wieder zurück ins
Leben finden konnte.

Ich fragte mich:

Hatte ich alles in meiner Macht Stehende getan?

Kann man zu früh sterben?

Was macht dieses Erlebnis mit mir?

Wie soll ich weiterleben?

Geht es dir jetzt gut?

Kann man sagen, dass du es jetzt geschafft hast?

Eine Woche später ging ich mit deinem Bruder durch deine Wohnung. Dein Geruch war noch da, aber du … Deine Energie war weg.

Das Leben trägt mich doch

Die Zeit nach seinem Tod ist schwierig zu beschreiben, weil ich mich oft so fühlte, als würde ich in verschiedenen Welten wandeln. Wenn du auch schon einmal einen solchen Verlust erlebt hast, weißt du vielleicht, was ich meine. Mit einem klaren Kopf und einem analytischen Verstand sind die Erlebnisse in den Tagen und Wochen danach schwer nachzuvollziehen. Vielleicht wirst du diese Erfahrungen, die ich gleich mit dir teile, meiner Trauer zuschreiben. Doch ich bin mir heute sicherer denn je, dass ich, auch wenn es mit dem Verstand nicht zu verstehen ist, über Träume und innere Begegnungen mit ihm sprechen konnte. Diese Erfahrungen teile ich mit dir, weil sie mir unglaublich dabei geholfen haben, mich vom Leben auffangen und tragen zu lassen.

Das Poetry-Slam-Gedicht fiel mir in meiner «Vorahnung» einfach zu und schrieb sich durch mich wie von selbst. Für mich war es ein Zeichen, das mir Trost spendete. Es machte mir, wenn auch auf unerklärliche Weise, erfahrbar, dass alles eines Tages einen Sinn ergeben würde. Seine beste Freundin und ich wollten das Gedicht in bunten Kleidern, wie er es gewünscht hatte, bei seiner Beerdigung vortragen.

GEDICHT «AM ENDE BLEIBT»

· · · · · · · · · · · · · · · ·

VORGELESEN BEI DEINER BEERDIGUNG

Da gab es einen Menschen, so neugierig und froh,
sein Herz war ganz weit offen, die Ohren
und die Augen ebenso.
Er wollte die Welt entdecken, verstehen und erleben,
er war so voller Hoffnung und hatte so vielen VIEL zu geben.

Er war stark und voller Leben, sah Chancen überall.
Er wollte nach Höherem streben und helfen, wo er nur kann.
Er war mutig und schlau, beobachtete genau.
Sein Herz was riesengroß und am richtigen Platz,
es ist schwer zu beschreiben, er beherbergte
einen riesengroßen Schatz.

Und dann kam diese Botschaft, der Schock
und die Verzweiflung saßen tief,
doch er nahm sie als Weckruf,
so als ob ihm das Leben zurief.
Und dann kamen die Hoffnung,
der Mut und der Wille ins Spiel,
für sein Leben zu kämpfen und alles zu geben,
das war ihm lange nicht zu viel.
Voller Einsatz und Glaube hat er so viel probiert,
uns alle gefordert
und viel investiert, um seinen Weg zu finden.
NICHTS hielt Ihn davon ab ...

«Grenzen sind zum Überwinden da, kommt,
macht jetzt nicht schlapp!»

*Er nahm uns an der Hand und mit auf seine Reise
und immer, wenn wir traurig waren, dann flüsterte er leise:
«Das Leben ist schön, vergesst das nicht,
und egal was passiert,
sterben werden wir alle, dafür haben wir vieles riskiert.»
Was haben wir gelacht, geliebt, geweint,
gehofft, geflucht und gefleht,
es war eine intensive Zeit, doch alles vergeht.*

*Irgendwann wurde es müde, dieses wunderbare Herz.
Und er wurde übermächtig, dieser ganze Schmerz.
Der Kampf und das Leiden sind jetzt vorbei.
Auch wenn du uns unglaublich fehlst, bist du jetzt frei!*

*«No regrets, only Memories» stand auf deiner Haut.
Und ist das deine Botschaft, so sagen wir sie für dich laut.
Immer wieder hören wir dich sagen:
«Leb dein Leben, genieße es und koste es aus,
du willst doch nichts bereuen,
dann schieb es auch nicht auf!»*

*Und jetzt liegt es an uns,
Du warst ein wundervoller Lehrer.
Und es war uns eine Ehre.
Denn du hast uns tief berührt
und wir sind dankbar, hat uns das Leben zusammengeführt.*

*Und am Ende bleibt die Liebe und die Liebe bleibt zurück.
Und mit jedem Herzschlag nehme ich dich mit, ein Stück.
Und am Ende bleibt die Freundschaft und
die Freundschaft bleibt zurück.
Und mit jedem meiner Schritte nehme ich dich mit ein Stück.
Und am Ende bleiben Gefühle wie Freude*

und Dankbarkeit zurück,
und in tiefer Verbundenheit laufen
wir weiter und suchen unser Glück.

Und am Ende ist da nur noch Liebe, tief und rein
und mit jedem Atemzug wird sie bei uns sein.
Und eines Tages kommen wir wieder zusammen,
irgendwo und irgendwie
und dann werden wir erkennen, getrennt waren wir NIE.

Gespräche danach

Ich wusste nicht, dass ich an so etwas glaube. Aber kurz nach deinem Tod hast du noch zwei-, dreimal innerlich mit mir gesprochen. Es ist schwierig zu beschreiben, anders als wenn ich meine eigene innere Stimme höre.

Ich: Kann man im Himmel jemanden vermissen?
Du: Ja.

Ich: Hat man noch Gefühle?
Du: Ja.

Ich: Werden wir uns wiedersehen?
Du: Ja.

Ich: Verstehst du jetzt alles?
Du: Ja.

Ich: Geht es dir gut?
Du: Ja.

Ich: Waren wir verabredet?
Du: Ja.

Ich: Fühlst du dich um dein Leben betrogen?
Du: Ja, noch.

Ich: Hast du noch Schmerzen?
Du: Nein. Wenn, dann nur im Herzen.

Ich: Bleiben wir verbunden?
Du: Ja.

Ich: Bist du jetzt mein Schutzengel, hilfst du mir?
Du: Ja, immer.

Ich: Ich liebe dich.
Ich: Darf ich an deinem Wissen teilhaben?
Du: Ja, bald.

Ich: Wie werden wir kommunizieren?
Du: Du wirst es wissen.

Ich: Soll ich am Freitag an der Beerdigung noch etwas anderes sagen?
Du: Du wirst das Richtige sagen und tragen. 😊

Ich: Ich möchte ein Bild von dir – gesund. Geht das?
Du: Du hast es schon, es wird noch stärker.

Ich: WARUM?

Du: *Wir wollten uns wiedersehen und voneinander lernen. Du trägst es in die Welt und ich tue mein Bestes von hier. Unsere Liebesgeschichte war perfekt. Nicht im weltlichen Sinne, aber perfekt. WAHRE LIEBE.*

Ich: Aber es tut so weh.

Du: DU wirst es verstehen. Du bist nicht allein. Jetzt sind wir frei. Leb dein Leben. Genieße es. Ich bin in den Bäumen, im Wind, in den Erinnerungen, in deinem Herzen und ab und zu komme ich vorbei. Versprochen. Sei traurig. Verarbeite es. Aber lebe weiter. Noch leuchtender, strahlender, mit offenem Herzen und der Wahrheit auf der Zunge und offenen Augen. Das Leben ist schön. Nicht, um alles zu verstehen. Danke für alles! ICH LIEBE DICH. Gib diese Liebe weiter. Ich habe sie erhalten und spüre sie. Sie vergeht nicht. Du warst mein Engel. Irgendwann tanzen wir im Himmel unseren Tanz, lachen und sind glücklich. Ich werde da sein, wenn du als alte Frau kommst.

Ich: Du bist dann noch jung?
Du: Ja, das wird komisch.

───────────────────────────────

Danach habe ich dich einige Tage oder Wochen nicht mehr wahrgenommen. Ich war so verzweifelt und traurig. Während dieser intensiven Trauerphase blühte eine seltene Pflanze vor meinem Zimmerfenster, die, was mir meine Vermieterin aufgeregt mitteilte, in zwanzig Jahren nie geblüht hatte. Ich deutete es als ein Zeichen von dir.

Und dann hörte ich dich doch noch einmal, wie du mir auf meine Fragen antwortetest:

Ich: Wie schaffe ich es, all das loszulassen, dich loszulassen, ohne dich zu verlieren?

Du: Du musst mich nicht loslassen, nur weitergehen.

Ich: Ich vermisse dich. Ich verstehe so vieles nicht. Haben wir etwas verpasst oder falsch gemacht?

Du: So etwas wie «falsch» gibt es nicht. Ich musste gehen, es ist meine Bestimmung.

Ich: Wann hast du gespürt, dass du gehen wirst?

Du: Du hast das alles auch gespürt.

Ich: Wie soll ich weiterleben?

Du: Als du, nur als du. Frei. Entspannt. Nimm dein Herz und fülle es jeden Tag. Verschenke es. Auch an Fremde. Folge der Stimme, den Bildern, es ist alles echt und doch nichts. Du kennst deinen Weg. Du brauchst nur noch etwas Zeit, dann wird die ganze Angst und Last von dir abfallen. Du wirst den Menschen helfen, sie selbst zu sein. Du wirst sehen, wer sie sind. Wir haben so gesucht, du wirst finden. Ich bin bei dir, für immer. Ich danke dir, du hast mir das größte Geschenk auf Erden gemacht.

Ich: Hätte ich nicht mehr tun können/sollen? So vieles tut mir so leid!

Du: Du warst, was ich gebraucht habe. Auf so vielen Ebenen. Du wirst noch gebraucht. Ich habe meine Aufgabe hier.

Ich: Was für eine? Warum durftest du nicht leben?

Du: Ich musste weiter, ich lebe hier. In den Sternen. Wir werden uns wiedersehen. Ich leide nicht mehr. Ich bin frei. Du fehlst, aber das ist hier kein großes Ding, es ist anders. Die Freude ist größer. Ich wünsche mir, dass du glücklich bist. Danke für deine Zeit. Du hast es verdient.

Ich: DU hättest es auch verdient. Wir.

Du: Es war nicht meine Bestimmung. Wir sind mehr gewachsen so. Vertraue auf die Liebe, du hast es dir so gewünscht. Ich wäre so lange so gerne dieser Mann für dich gewesen, aber es freut mich, wenn du jemanden findest. Jemanden, der dich sieht. Liebe tief und innig und du tust es auch für mich, für uns alle. Liebe dient uns allen. Ich möchte dich lachen sehen, dein wundervolles Lachen. So oft es geht. Deine Tränen sind auch schön, aber du bist so schön, wenn du lachst. Wir haben alles getan, alles gesagt, alles gemacht – DANKE. Trink nicht so viel, schau deine Gefühle an. Erhole dich. Entspanne dich und du wirst viel bewirken.

Ich: Was können wir beeinflussen?

Du: Viel, aber nicht alles. Was wir uns vorgenommen haben, können wir beeinflussen. Manchmal gibt es eine Planänderung. Aber du bist stark. Ich wusste, dass du nicht zerbrichst. Du hast Hilfe. Lehn dich an. Du hast lange gesucht und durch mich kannst du es jetzt leben. Es tut mir leid, du hast so gelitten, dadurch wirst du wieder sensibler. Du warst hart. Du wolltest auch immer kämpfen. Jetzt hast du gesehen, dass kämpfen allein nicht reicht. Du brauchst dein Herz. Mehr als alles andere.

Das letzte Geschenk: Ich lasse los

Dort, wo sein Weg endete, weil er nun endlich loslassen konnte, fing mein Prozess des Loslassens erst an. Ich tat mich schwer. In Gedichten oder Songtexten konnte ich oft besser in Worte fassen, wie ich mich fühlte, und wenn diese durch mich hindurchflossen, genauso wie meine Gefühle, ließ ich meinen Verstand beiseite und staunte oft nicht schlecht, welch tiefe Einblicke ich erhielt.

Gone.
No return.
Left a torn world.
That massive silence.
The loud memories.
There is so much life.
No chance to share.
Missing you hurts.
Forgetting you hurts more.
You exist only in the past.
I can only live in the present.
That's what's tearing us apart.
Living truthfully is what keeps me together.
I feel myself.
I feel life.
And I feel you.
Your love stays by my side.
Everywhere.
Anytime.

Maybe it's you.
Maybe you're never gone.

Death is strong enough to split my world.
But not strong enough to end our love.
Maybe one day I'll be that love.
The love which brings it all together.

Why not be love, alive?

Immer wieder fragte ich mich:

Wie trauert man?

Wie verarbeitet man so etwas?

Wie darf und kann Trauer Platz haben in einem ganz «normalen» Alltag, wenn das Leben einfach weiterläuft?

Die Trauer kam in Wellen. Bis heute finde ich Wellen ein sehr stimmiges Bild für die Trauer nach einem Verlust. Mal sind sie meterhoch, reißen alles mit, mal sind sie klein, fast sanft und bittersüß. Mal bahnen sie sich langsam an und manchmal überrollen sie dich völlig unerwartet und reißen dir den Boden unter den Füßen weg. Die Abstände zwischen den Wellen werden irgendwann größer, die Intensität nimmt irgendwann ab und doch dauern sie an, vielleicht ein Leben lang. Doch irgendwann können wir lernen, mit den Wellen mitzugehen, sie als Teil des Lebens zu betrachten, sie zuzulassen und genauso auch wieder gehen zu lassen.

Obwohl ich nicht nur einen fantastischen Studiopartner gefunden hatte, sondern völlig unerwartet auch eine neue Liebe, war es für mich unglaublich schwer, die neue Liebe und die Trauer gleichzeitig zu fühlen und zu durchleben. Wir hatten so viel riskiert und ich hing noch in ungeklärten Fragen, unerfüllten Wünschen und in der Trauer fest, während mein Leben einfach weiterlief. Ich war hin- und hergerissen. Einerseits wollte ich all das kompromisslos leben, was ich mit meinem Lehrer lernen durfte, und zugleich war ich drauf und dran, mich in dem Schmerz zu verlieren, nur um mich dann wieder daran zu erinnern, wie kostbar jeder einzelne Moment ist und dass ich auf keinen Fall mein Leben verpassen wollte. Ich war mit mir überfordert, genauso wie die meisten Menschen in meinem Umfeld. Rückblickend ist mir klar, dass es für sie ebenfalls sehr schwierig gewesen sein muss, mich in alledem verstehen und unterstützen zu können. Das ging eine ganze Weile so. Dazu fiel mir einmal das Bild eines geknüpften Teppichs ein: Jeder bunte Knoten stand für eine Erinnerung, einen Traum oder einen Wunsch, und ich hatte nun die Aufgabe, jeden einzelnen Knoten zu öffnen, damit ich loslassen konnte und wieder frei sein würde.

Wie lässt man los?

Das Loslassen ging nicht auf einmal.
Ich habe dafür Zeit gebraucht.

Denn zuerst bin ich davor geflüchtet.
Ich habe mich abgelenkt.

Ich habe mich betäubt.
Ich habe mich versteckt.
Ich habe mich verurteilt.
Ich habe mich dem Leben verweigert.
Ich war unvorstellbar wütend.
Und ich habe gemerkt, dass mich das
innerlich zerfrisst.

Dann habe ich viel geweint.
Ich habe das Leben angeschrien.
Ich habe nach Antworten gesucht.
Ich habe viele Gedanken aufgeschrieben,
in Songtexten,
Gedichten und in diesem Buch.
Ich habe mit anderen Menschen darüber geredet.
Ich habe darüber gesungen.
Ich habe darüber gelesen.
Ich habe es gemalt.
Ich habe in meinen Schmerz geatmet.
Ich habe mit meinem Schmerz getanzt.
Ich habe meinen Schmerz wegtrainiert.
Ich habe mir Hilfe geholt.

Ich habe viele Hunde geknuddelt.
Ich habe im Meer gebadet.
Ich habe neue Orte entdeckt.
Ich habe Sonnenstrahlen eingefangen.
Ich habe Neues gelernt.
Ich habe geliebt.
Ich habe gelacht.
Ich habe den Sinn gesucht.
Ich habe mir neue Abenteuer gesucht.
Ich habe anderen Menschen geholfen.
Ich habe gelernt, mir selbst zu helfen.

Irgendwann konnte ich mir verzeihen.
Ich konnte ihm verzeihen.
Ich konnte dem Leben verzeihen.
Dann konnte ich auch anderen verzeihen.

Und auf einmal spürte ich es. Jeder dieser Schritte war ein Schritt, um loszulassen.
Ich konnte loslassen, was nicht mehr zu mir gehörte. Ich habe erkannt, dass ich seine Geschichte nicht zu meiner machen durfte, auch wenn mir das lange schwerfiel. Ich habe mit ihm und für ihn gekämpft, den härtesten Kampf, den ich bis dahin zu bewältigen hatte, und meine größte Niederlage erlitten, die ich zu verarbeiten hatte. Doch ich erkannte, dass es ihm und seinem Weg und auch mir nicht dient, wenn ich diesen Kampf als verloren ansah und damit alles als verloren betrachtete. Er war mein Ende und mein Neuanfang. Und indem ich diesen Neuanfang als solchen erkennen und immer mehr annehmen konnte, bekam auch seine Geschichte wieder Sinn. Denn sie hat mich zu dem Menschen gemacht, der ich heute bin. Und wenn ich es schaffe, zu leben, was er mich als mein größter Lehrer gelehrt hat, ehre ich auch seinen Weg und damit ihn.

Ich habe angefangen, alle meine Teile wieder zusammenzusuchen, Stück für Stück, Schritt um Schritt, und ich höre nicht auf, bis ich alles, was zu mir gehört, wieder zusammensetzen kann. Und wenn ich das tue und jetzt darüber schreibe, sehe ich ihn lächeln. Das ist es, was wir uns, ursprünglich für uns beide, gewünscht hatten. Und auch wenn ich damit nicht unsere Geschichte ändern kann, ändert es doch alles. Er war hier und ist immer noch hier, in mir. Seine Größe, seine Liebe, sein Mut und alles, was ihn in der Tiefe ausgemacht hat, leben durch mich weiter, bis wir uns vielleicht eines Tages wiedertreffen.

Heute erkenne ich: Es war nicht die Zeit, es war die Liebe zu ihm, zum Leben und zu nahestehenden Menschen, die mich loslassen und heilen ließ und immer noch heilen lässt. Je mehr ich mich der Liebe öffne, die völlig unbeirrt weiter existiert, desto besser komme ich in meiner Entwicklung voran. Und immer dann, wenn ich es nicht für möglich halte, wird die Liebe noch tiefer, größer und weiter und ich werde umso freier und dankbarer. Umso mehr komme ich bei mir und in diesem Leben an, so wie es jetzt ist. Und heute bin ich nicht mehr der Schmerz, ich fühle ihn manchmal.

Ich kann nicht behaupten, dass ich das mit dem Loslassen jetzt vollends verstanden hätte. Aber ich glaube, dass ich nach fünf Jahren, in denen ich unseren Teppich der Träume und Wünsche aufgeknüpft habe und wieder an meinem eigenen Teppich webe, nun freier bin, mehr und tiefer liebe als je zuvor. Und ich glaube, das ist noch nicht das Ende. Aber ich erkenne die Geschenke, die mir durch diese Begegnung zuteilwurden. Das ist auch der Grund dafür, warum ich heute darüber erzählen kann.

· ·

MEINE FRAGEN AN DICH:

- O Woran hältst du fest?
- O Wo tust du dir selbst weh, weil du nicht los-
  lässt?
- O Ist es Zeit loszulassen, um frei zu sein?

....
«Versuche nichts zu erzwingen,
lass das Leben ein tiefes Loslassen sein.»
....

Osho

3. TEIL
DIE ESSENZ

Essenzielle Fragen

Es gibt im menschlichen Dasein mehrere existenzielle Fragen, auf die jeder von uns für sich gute Antworten braucht, um in dieser komplexen Welt eine innere Sicherheit und Stabilität entwickeln zu können. Diese Fragen, die uns helfen, trotz aller Herausforderungen vertrauensvoll und offen durch diese Welt zu gehen, lauten:

- O Wer bin ich?

- O Woher komme ich?

- O Wohin gehe ich?

- O Warum bin ich hier?

Nicht jeder Mensch versucht mit der gleichen Dringlichkeit, Antworten darauf zu finden. Doch dann, wenn das Unvorstellbare passiert, ist es oft so, dass sich diese Fragen in unser Leben drängen.

Das Vorhaben, die Komplexität und Vielschichtigkeit des Lebens auf Elemente zu reduzieren, die rein auf der Verstandesebene erklär- und verstehbar sind, ist schlicht lachhaft. Es ist der verzweifelte Versuch, sich an etwas festzuhalten, worüber wir keine Kontrolle besitzen. Wir machen das Leben klein, um uns selbst nicht klein zu fühlen. Damit werden wir weder dem Leben noch unserem wahren Wesen gerecht.

So betrachten und erfahren wir immer nur einen Bruchteil dessen, was uns und das Leben tatsächlich ausmacht. Erst wenn wir diese Tatsache annehmen können und bereit sind, nicht nur mit dem Verstand verstehen zu wollen, ist es uns möglich, dem Leben zu begegnen. Solange wir nur anerkennen, was man anfassen und auf eine sehr begrenzte, rationale Art und Weise «beweisen» kann, sind wir gefangen. Erst wenn wir unsere anderen Sinne ebenfalls wieder zugänglich machen, um Dinge zu erfahren, zu erfühlen, und uns mit dem Wesen des Lebens verbinden lernen, sind wir in der Lage, auch existenzielle Fragen des Lebens für uns zu beantworten.

Das sage ich zu dir, obwohl ich selbst in den vergangenen Jahren fast ausschließlich mit dem Kopf durch dieses Leben gestampft bin und den Verstand auch heute noch sehr wertschätze.

Der Physiker Max Planck erklärte es folgendermaßen:

«Als Physiker, also als Mann, der sein ganzes Leben der nüchternen Wissenschaft, nämlich der

Erforschung der Materie, diente, bin ich sicher frei davon, für einen Schwarmgeist gehalten zu werden. Und so sage ich Ihnen nach meiner Erforschung des Atoms dieses:

Es gibt keine Materie an sich!

Alle Materie entsteht und besteht nur durch eine Kraft, welche die Atomteilchen in Schwingung bringt und sie zum winzigsten Sonnensystem des Atoms zusammenhält. Da es aber im ganzen Weltall weder eine intelligente noch eine ewige Kraft gibt, so müssen wir hinter dieser Kraft einen bewussten, intelligenten Geist annehmen.

Dieser Geist ist der Urgrund der Materie! Nicht die sichtbare, aber vergängliche Materie ist das Reale, Wahre, Wirkliche, sondern der unsichtbare, unsterbliche Geist ist das Wahre! Da es aber Geist an sich ebenfalls nicht geben kann, sondern jeder Geist einem Wesen angehört, müssen wir zwingend Geistwesen annehmen. Da aber Geistwesen nicht aus sich selbst sein können, sondern geschaffen worden sein müssen, so scheue ich mich nicht, diesen geheimnisvollen Schöpfer so zu benennen, wie ihn alle Kulturvölker der Erde früher Jahrtausende genannt haben: Gott.

So sehen Sie, meine verehrten Freunde, wie in unseren Tagen, in denen man nicht mehr an den Geist als Urgrund aller Schöpfung glaubt und darum in bitterer Gottesferne steht, gerade das Winzigste und Unsichtbare es ist, das die Wahrheit

wieder aus dem Grabe materialistischen Stoff-
wahnes herausführt und die Tür öffnet in die ver-
lorene und vergessene Welt des Geistes.»

Max Planck (1929)

Heute bin ich aus eigener Erfahrung der Überzeugung:
Wenn wir es zulassen, unsere Erfahrungswelt zu weiten,
und uns dann diese existenziellen Fragen stellen, führt
uns das Leben in der Tiefe zu den Antworten. Dadurch
können wir auch existenzielle Krisen meistern lernen,
ohne daran zu zerbrechen. Eine unglaublich wertvolle
Unterstützung auf diesem Weg ist die Meditation.

Wenn ich auf einer rein menschlichen Ebene geblieben
wäre und nicht nach einer für mich tieferen Wahrheit
gesucht hätte, wenn ich mich nicht für die unfassbare
Größe des Lebens geweitet hätte, wenn ich weder meine
Sinne noch mein Herz geöffnet hätte für bestimmte
Zusammenhänge und Erfahrungen, die der Verstand
nie erfassen und verstehen kann, wäre ich an dieser
Geschichte zerbrochen.

Ich sage nicht, dass dies der einzig mögliche Weg ist.
Doch es ist mein Weg.

Ich möchte dich lediglich dazu ermutigen, dir selbst
deine Fragen zu stellen und dich für die Antworten zu
öffnen, damit auch du dich mit deiner tieferen Wahrheit aus dem Leid und dem Schmerz in deinem Leben
befreien kannst.

Moderne Spiritualität

Moderne Spiritualität ist für mich das Anerkennen und Akzeptieren von Paradoxa. Die Vereinigung von Glauben und Wissenschaft, von Unsichtbarem – aber Erfahrbarem – und Konkretem. Das Sichwiederfinden im Alltäglichen, ohne das Wunder jeden Tages, jeder Begegnung, des eigenen Körpers zu verpassen. Die Fähigkeit, die verschiedenen Ebenen, auf denen das Leben stattfindet, wahrzunehmen und keine für wichtiger oder unwichtiger zu halten als die andere. Sich selbst als wertvolles Wesen und auf einer gewissen Ebene auch als vollkommen und unschuldig sehen zu können und dennoch die eigenen Fehler und Macken zu akzeptieren und daran liebevoll zu arbeiten. Den Körper als Geschenk und Wunder betrachten zu können und ihm dennoch konkret mit Training und Ernährung Sorge zu tragen. Sich aktiv im Leben für die eigenen Werte einzusetzen und sich gleichzeitig dem Leben hingeben zu können, wenn es etwas anderes von uns verlangt. Sich unglaublich wichtig zu nehmen, jeden Tag sein Bestes zu geben, in jeder Begegnung und jedem Moment, und gleichzeitig anzuerkennen, wie klein wir im gesamten Universum sind. Zu begreifen, dass wir mit einer Geste oder einem Lächeln das Leben eines Menschen komplett verändern können, und uns dennoch nicht zu wichtig zu nehmen.

Das ist mein aktuelles Verständnis moderner, gelebter Spiritualität.

Es ist ein Weg, der uns bis zu unserem letzten Atemzug auffordert, das Leben mit Freude in der Tiefe zu erforschen, zu erleben und nie mit dem Staunen aufzuhören. Es ist ein Fest der Sinne, des Wachstums, der Herausforderungen und ein ständiges Auf und Ab, wie die Gezeiten der Meere. Leben ist Entwicklung. Und unsere Endlichkeit erinnert uns daran, in Bewegung zu bleiben, das Leben mit Lebendigkeit zu erfüllen, im Wissen darum, wie kostbar und einzigartig jeder einzelne Moment ist.

HAST DU DICH SCHON EINMAL NÄHER MIT DIESEN FRAGEN BESCHÄFTIGT?

- Was ist Spiritualität für dich?
- Woran glaubst du?
- Was gibt dir in dieser Welt Kraft?

«I don't believe in God as a person, I believe in godliness as a quality.»

Osho

Fragen, die alles ändern

Am Anfang hatte ich unzählige Fragen. Viele, die mich einfach nur herunterzogen und mich in meiner Trauer und meinem Loch gefangen hielten. Ich fragte mich, was ich alles nicht getan hatte. Ich suchte weiter nach der Lösung, obwohl ich, selbst wenn ich sie gefunden hätte, nichts mehr ändern konnte. Ich fragte mich, ob ich genug getan hatte, ob ich genug für ihn da gewesen war, liebevoll genug, achtsam genug, verständnisvoll genug. Ich fragte mich, wie jemand so früh sterben konnte, der so unbedingt leben wollte. Ich fragte mich, wie das fair sein konnte und womit ich das verdient hatte.

Dann erkannte ich, dass ich mir bessere Fragen stellen musste, weil mich diese keinen Schritt voranbrachten.

Also fragte ich mich: «Kann man zu früh sterben?» Und: «Was, wenn es so ist, wie es sein soll?»

Das Leben blieb mir zunächst die Antworten schuldig. Ich stellte mir diese Fragen einfach immer wieder, bis die Antworten mich fanden und in mir wachsen konnten. Und als die Erkenntnisse sich endlich stimmig anfühlten, konnten sie die Leere und Verzweiflung bezwingen. Daraus erwuchsen auch neue Perspektiven auf das Leben.

Kann man zu früh sterben?

Mein Verstand sagte: Es ist zu früh. Diesen Gedanken kann ich bis heute absolut nachvollziehen. Wir hatten so viele gemeinsame Träume, Wünsche und Ideen. Doch was zählt, sind nicht die Lebensjahre, sondern die Erfahrungen in der Tiefe und die echten Momente der Nähe und Freude. Und auch davon hatten wir viele.

Als ich begann, meinen Verstand etwas ruhiger zu stellen, konnte ich mehr auf mein verwundetes Herz hören, ohne gleich vom Schmerz verschlungen zu werden. Irgendwann habe ich erkannt, dass sein Geist und seine Seele viel älter waren, als sein junger Körper es vermuten ließ. Darum habe ich es auch so geliebt, mich mit ihm auszutauschen, um zu erfahren, wie er die Welt sah und erlebte. Die Geschichte war rund. Und das größte Geschenk seinerseits war, dass ich ihn bis zu seinem letzten Atemzug begleiten durfte. Ich spürte in dem Moment und in unzähligen danach, wie wichtig diese Erfahrung für mich war, um heilen zu können.

Er ist zu früh gegangen für meinen Verstand. Aber ganz gleich, wann wir uns hätten verabschieden müssen, weh hätte es immer getan.

Er ist zu früh gegangen für seinen Verstand. Und dennoch vergesse ich niemals die Frage, die er mir einmal gestellt hatte: «Was, wenn mein Verstand unbedingt leben will, meine Seele das aber ganz anders sieht?»

Ich wünsche mir, dass er jetzt im Frieden ist. Daran glaube ich ganz fest.

Und auf Grundlage meiner Erfahrung kann ich mir nicht vorstellen, dass diese eine Kraft, die uns durchs Leben führt, solch grundlegende Fehler macht. Ich gehe eher davon aus, dass wir die Zusammenhänge nicht verstehen und erst noch weiter wachsen müssen, um solch große Wahrheiten in uns empfangen zu können.

. . . .

My mind says 👤 :
It's too soon.
It happened too fast.
It's unfair.

My heart says ♥ :
It hurts so much.
I miss you.

My mind says 👤 :
How am I supposed to live with this?
Why did this happen?
Why did you have to go like this?

My heart says ♥ :
I'm afraid to forget you.
I feel helpless and lost.

My mind says ♟ :
Life is unfair!
What is the point of it all?

And at the lowest point of my despair and sadness,
your soul whispers to me:

It's okay.
I have made it.
I am at peace. ♡

All at once your peace fills my heart.
My eyes fill with tears.
In my mind I will never understand.
But my heart feels your love and peace.

And it heals. ♡ ♥ ♡

. . . .

Was, wenn es so ist, wie es sein soll?

Lange machte ich mir Vorwürfe. Wie konnte ich nur so etwas denken?! *Alles sollte seine Richtigkeit haben?* Wer war ich, so denken zu dürfen?! Schließlich war ich am Leben und er war derjenige, der sein Leben verloren hatte. Durfte ich so egoistisch sein und es mir so leicht machen, an diese Annahme zu glauben?

Irgendwann erkannte ich: Ich machte es mir überhaupt nicht leicht. Wir hatten oft genug darüber gesprochen und ich wusste, dass er sich wünschen würde, ich würde meinen Frieden damit finden.

Also fing ich an, aus meiner Starre wieder zu erwachen, meine Chance auf das Leben wahrzunehmen und bewusster anzunehmen, was ich aus unserer Begegnung lernen durfte. Denn ich durfte sehr viel von ihm lernen. Und wenn ich schon lebte, wollte ich auch ihm zuliebe so viel wie möglich daraus machen. Vielleicht war es seine Aufgabe, mich die sechs Geschenke der Endlichkeit erfahren zu lassen, die ich nun an andere weitergebe?

Unsere Begrenzung gibt jedem Moment Schönheit und Bedeutung – ich hätte NIE so intensiv gelebt, mich nie so massiv entwickelt, wenn ich diese Erfahrung nicht gemacht hätte. Doch ich hatte unglaublich Mühe, die ersten Wochen, Monate, sogar Jahre nach seinem Tod die sechs Geschenke erkennen, erfahren und leben zu können.

Ich habe dich am Anfang dieses Buches dazu eingeladen, einmal hypothetisch davon auszugehen, dass alles aus einer höheren Perspektive seine Richtigkeit hat. Kannst du diesen Gedanken für dich annehmen? Wenn nicht, ist es auch okay.

....

«A certain darkness is needed to see the stars.»

....

Osho

Die größte Angst ist nicht die vor dem Tod

Irgendwann erkannte ich, dass meine größte Angst nicht die vor dem Tod ist, sondern davor, nie wirklich gelebt zu haben. Das Wissen darum, wie viel Leben wir, trotz der widrigsten Umstände, noch in unsere gemeinsame Zeit hineinbringen konnten, tröstete mich zunehmend.

Doch wie oft verpassen wir die schönen Momente im Leben? Wie oft sind wir in Gedanken bei irgendwelchen Sorgen, die sich wahrscheinlich nie bewahrheiten werden? Es gibt etwas, was mich heute noch sehr stark triggert: Ich sehe viele gesunde Menschen, die hervorragende Voraussetzungen haben, um sich ein absolut erfülltes Leben zu gestalten, aber sie jammern nur herum, tun sich selbst leid und entdecken überall Probleme, wo es keine gibt. Dieser Gedanke und mein intensives Gefühl haben mich zurück ins Leben geholt. Denn was macht es jetzt für einen Sinn, in Trauer all das zu verpassen, was mir das Leben gerade schenkt? Würde ich nicht ihn und sein Schicksal damit verraten und zu etwas Sinnlosem verkommen lassen? Ich würde wertvolle Momente mit geliebten Menschen verpassen, nur weil ich mich in meinem Schmerz bade. Raphi hat es geschafft und ist jetzt an einem anderen Ort.

Nach dieser Erfahrung spürte ich umso stärker und eindringlicher den Schmerz, wenn ich nicht präsent und nicht ich selbst war. Darum möchte ich jeden Tag mehr lernen, mit jeder Faser meines Seins zu leben, sodass es letztlich egal ist, wann der Tag kommt, an dem ich mich von dieser Welt und all meinen Liebsten verabschieden muss.

Ich möchte jeden Tag groß denken, alles fühlen, mutig sein und dieses wunderbare Geschenk des Lebens auspacken. Jeden Tag mehr. Und dazu möchte ich auch dich einladen und aus tiefstem Herzen ermutigen.

....

«Mit jedem Atemzug atmest du
das Leben ein und den Tod aus.»

....

Osho

Dein Geschenk – Mach was draus!

DIESER SONG IST FÜR DICH:

STEH AUF

. . . .

Steh auf
Steh auf für dich
Du weißt, dass der Zeitpunkt gekommen ist
Steh auf
Brich aus deinem Käfig aus
Nur du bringst dich dort raus

Steh auf
Erinnere dich
Wer du bist
Und was dein wahres Wesen ist

Steh auf
Dein Leben, es ruft nach dir
Wenn du es nicht lebst
Fehlst du hier

Steh auf
Erinnere dich
Wie richtig leben schmeckt
Vor lauter Schmerz hast du dich versteckt

Steh auf
Steh auf für dich
Jetzt ist der Moment
Entscheide dich

Fängst du wieder an zu träumen
Fängst du wieder an zu leben
Oder hast du alles schon einfach aufgegeben

Fängst du wieder an zu lieben
Fängst du wieder an zu lachen
Jetzt ist es Zeit aufzuwachen

Fängst du wieder an zu fühlen
Fängst du wieder an zu leben
Oder hast du deine Hoffnung einfach aufgegeben

Fängst du wieder an zu lieben
Fängst du wieder an zu lachen
Jetzt ist es Zeit aufzuwachen

Steh auf
Erinnere dich
Wie richtig Leben schmeckt
Vor lauter Schmerz hast du dich versteckt

Steh auf
Steh auf für dich
Jetzt ist der Moment
Dein Leben wartet nicht

Steh auf

Ich bin beeindruckt und berührt von dir, dass du dich so wach und mutig meiner und auch deiner Geschichte gestellt hast. Übernimm das Steuer in deinem Leben, gestalte deinen Weg selbst und mach dich glücklich. Wir sind endlich.

Ich wünsche dir aus tiefstem Herzen, dass du die sechs Geschenke der Endlichkeit auch in deinem Leben erfährst.

Das erste Geschenk: Ich bin ich

Ich wünsche dir, dass du dich selbst, deine Stärken und Schwächen, mit jedem Tag deines Lebens tiefer erforschst und dein Wesen zum Erblühen bringst. Bring dich ein, zeige dich und sei wundervoll! Wenn du das nicht tust, fehlst du hier.

Das zweite Geschenk: Ich sage JA zum Leben

Ich wünsche dir, dass du immer wieder die Liebe der Angst vorziehst und dich nicht von deiner Angst leiten lässt. Das Leben ist manchmal beängstigend, das stimmt. Allerdings glaube ich heute, dass die Angst, nicht gelebt zu haben, die größte Angst ist, die uns umtreibt. Also wähle das Leben und stürz dich in neue Abenteuer, sei LEBENdig, wild und mutig. Die Mutigen belohnt das Leben.

Das dritte Geschenk: Ich fühle alles

Wir haben gelernt, dass es positive und negative Gefühle gibt. Im Grunde aber sind es einfach Gefühle. Wenn wir lernen, sie zu fühlen, ohne uns darin zu verlieren, machen sie unser Leben bunt, reich und tiefgründig. Ich wünsche dir, dass du dich immer mehr dafür öffnen kannst, alles zu fühlen. Denn immer dann, wenn du fühlst, bist du lebendig!

Das vierte Geschenk: Ich bin präsent

Wir verlieren uns nur allzu oft in Zukunftswünschen und Ängsten oder hängen Vergangenem nach. Das Leben findet immer nur im Hier und Jetzt statt, dann, wenn du präsent bist. Wenn wir es verpassen, kostbare Momente bewusst zu erleben, tut es im Nachhinein umso mehr weh. Also komm hierher, in diesen Moment, und sei präsent. Nimm deinen wundervollen Körper wahr, rieche den betörenden Duft von blühenden Blumen, fühle alles, höre den Vögeln zu, wenn sie singen, spüre den Wind in deinen Haaren und die Sonnenstrahlen auf deiner Haut und lerne, immer bewusster und immer konsequenter präsent im Hier und Jetzt zu sein.

Das fünfte Geschenk:
Ich vertraue dem Leben

Wir Menschen wollen alles mit dem Verstand erfassen. Doch wenn du es dir erlaubst, auch andere Ebenen in deinem Leben wahrzunehmen, wirst du immer mehr spüren, dass es eine unsichtbare Kraft gibt, der wir vertrauen können. Nein, es wird definitiv nicht alles so geschehen, wie wir es für richtig oder wünschenswert halten! Aber ich wünsche dir, dass du, auf welche Art auch immer, diese treibende Kraft in deinem Leben erfahren kannst und immer mehr erlebst, dass du getragen wirst. Du darfst darauf vertrauen, dass dein Leben auch in schwierigen Situationen Geschenke für dich bereithält, damit du wachsen kannst.

Das sechste Geschenk: Ich lasse los

Wenn wir lernen loszulassen, was wir uns in den Kopf gesetzt haben, werden wir uns befreien. Wir können nicht alles steuern, was uns widerfährt, aber wir können beeinflussen, welche Bedeutung wir den Dingen geben, die uns passieren. Wenn wir bereit sind, immer wieder zuzulassen, dass wir keinen Plan haben, wenn wir anerkennen können, dass wir nicht die volle Kontrolle besitzen, wenn wir es aushalten, dass wir nicht alles wissen, können wir uns entspannen und uns vom Leben tragen lassen. Das macht uns frei.

Es ist Zeit, unsere Geschenke auszupacken

Bei diesen Geschenken handelt es sich nicht um etwas, was wir einmal auspacken und dann sofort begreifen können. Ich bin mit allen sechs Geschenken unterwegs, verstehe und erfahre sie immer tiefer und bin häufig erstaunt, welche neuen Erkenntnisse sie mir ermöglichen.

Mein Weg liegt nun vor mir. Es gibt ein DAVOR und ein DANACH. Umzudrehen ist keine Option mehr. Eher gehe ich noch tiefer in den Wald des Lebens hinein und hoffe auf viele weitere Geschenke der Erkenntnis, bis ich eines Tages selbst wieder meinen Heimweg antrete.

Wenn mir uns auf diesem Weg noch begegnen, freue ich mich auf dich. So oder so wünsche ich dir das Allerbeste auf deinem Weg. Ich habe meinen Teil getan. Pack die Geschenke aus und lass dich überraschen, wohin dich dein Lebensweg führt.

Ein Traum

Vor Kurzem hatte ich einen Traum, der mir nochmals verdeutlich hat, dass ich loslassen darf und soll. Ich war auf einmal wieder in meinem Elternhaus, in dem ich die meiste Zeit meiner Kindheit verbracht hatte. Ich schaute mich um, erinnerte mich an viele Details, beispielsweise an den bunten Papagei aus Papier, den ich als kleines Mädchen selbst gebastelt hatte und der neben den weißen Vorhängen hing und mich keck anschaute. Es roch wie damals und ich konnte mich durch die Räume bewegen, die ausschauten, als wäre nichts passiert. Ich fühlte mich sogleich in meine Kindheit zurückversetzt. Dann schaute ich an mir herunter und bemerkte, dass ich ungefähr 25 Jahre jünger war. Ich steckte in meinem Mädchenkörper von damals, weilte aber mit meinem heutigen Bewusstsein an diesem Ort.

Ich wurde total aufgeregt, als ich begriff, was dies bedeuten könnte. Vielleicht würden alle Menschen, die ich geliebt und verloren hatte, noch an diesem Ort leben und ich könnte sie treffen?

Ich stürzte in die Küche, auf meine Mutter zu, umarmte sie überschwänglich und sie fragte mich nur, ob mit mir alles in Ordnung sei. Dann realisierte ich, dass wenn ich zum Nachbarhaus rübergehen würde, dort meine über alles geliebte, flauschige Freundin auf mich wartete. Und tatsächlich: Sie war da! Sie begrüßte mich mit derselben überschwänglichen Freude wie früher, als wäre nie etwas geschehen.

Danach wollte ich unbedingt meine Großmutter besuchen, fragte mich aber, was das auslösen könnte, wenn ich als kleines Mädchen einfach selbstständig zu ihr gehen würde (etwas, was ich in dem Alter damals nicht gekonnt hätte). Doch es war mir egal. Kurz darauf stand ich vor ihrer Wohnungstür und umarmte auch sie, als wäre keine Zeit vergangen. Ich war völlig überwältigt von all den Gefühlen und dann kam mir Raphi in den Sinn. Was, wenn ich etwas für ihn tun könnte?

Ich suchte ihn auf, realisierte aber dann, dass ich vom Erscheinungsbild her ein kleines Mädchen war und er ein noch kleinerer Junge. Was konnte ich nun für ihn tun? Nichts, stellte ich völlig konsterniert fest. Ich gab ihm ein kleines Geschenk und flüsterte ihm etwas Ermutigendes ins Ohr in der Hoffnung, dass ihm meine Worte helfen würden, sein Schicksal in der Zukunft besser bewältigen zu können.

Auf einmal fanden meine Glücksgefühle ein jähes Ende. Was nützte es, dass ich hier war, in meinem jungen Körper, mit dem heutigen Bewusstsein und dem Wissen darum, was jedem von ihnen noch passieren würde, wenn ich nichts davon ändern oder beeinflussen konnte?

Dieser Gedanke riss mich aus dem Schlaf. Doch seltsamerweise erwachte ich in einem Gefühl von Ruhe. Es wurde mir nochmals auf einer viel tieferen Ebene bewusst, dass ich nicht imstande gewesen wäre, meine Liebsten vor ihrem Schicksal zu bewahren. Nicht einmal dann, wenn ich zurückreisen könnte und wüsste, was ich heute weiß. Es steht schlicht nicht in meiner Macht und ist nicht meine Aufgabe.

Fünf Jahre später

Es ist nun fünf Jahre her, seit er gegangen ist, und auch heute denke ich noch an ihn. In gewissen Momenten vermisse ich ihn sehr. Doch ich trage die Essenz unserer Begegnung in meinem Herzen, die mich von innen stärkt.

Was ich in diesem Buch mit dir geteilt habe, wurde vom Leben bereits erneut in einem Abschiedsprozess auf die Probe gestellt. Ich möchte ganz ehrlich zu dir sein: Es tut nicht weniger weh, aber ich konnte den Schmerz und die Trauer besser in mir empfangen, habe weniger gekämpft und konnte dadurch präsenter und mitfühlender diesen Prozess erleben. Auch im Sterben ist Heilung möglich, obgleich ich früher immer geglaubt hatte, dass nur Gesundwerden und Überleben Heilung bedeuten. Ich stelle mir wieder neue Fragen und habe noch nicht auf alle eine Antwort gefunden, aber ich vertraue darauf, dass sie mich finden werden.

Die Erfahrungen, die ich mit dir geteilt habe, haben sich inzwischen vertieft und mein innerer Raum hat sich dadurch noch mehr geweitet. Das macht mich still und demütig dem Leben gegenüber. Denn wenn wir einmal ganz ehrlich zu uns selbst sind, sterben wir jeden Tag und lassen Dinge und Menschen los, auch wenn es uns nicht immer bewusst ist. Und wenn wir es zulassen können, haben wir die Möglichkeit, jeden Tag, der uns geschenkt wird, nochmals ganz neu und frisch zu erleben. Wir sollten uns niemals so sehr vom Alltag einholen lassen, dass wir glauben, alles ist selbstverständlich und bleibt immer, wie es ist.

Das größte Geschenk in jeder Erfahrung und in jedem einzelnen Moment ist und bleibt die Endlichkeit. Sie macht jede Begegnung einzigartig.

Das Wunder zeigt sich doch

Wenn jemand eine Diagnose erhält, gilt es als ein Wunder, wenn er oder sie geheilt wird. Doch ich habe erfahren, dass es in der Hauptsache noch um etwas ganz anderes geht.

Wenn die Seele Frieden findet, egal wie es ausgeht, dann ist das ein Wunder. Und wenn die Menschen, die diesem Menschen nahestehen, auch noch fähig sind, einen solchen Weg zu begleiten und daran zu wachsen, anstatt an der Trauer und Verzweiflung zu zerbrechen, ist das bereits mehr als ein Wunder.

Die Frage ist: Können wir uns von der äußeren Form und unseren fixen Vorstellungen von «fair und unfair», «richtig und falsch» lösen und das Wunder sehen und damit die Geschenke des Lebens annehmen?

. . . .

EINE LETZTE FRAGE AN DICH:

O   Was, wenn Leben ganz anders funktioniert, als wir es vermuten?

....
«Be realistic: Plan for a miracle.»
....

Osho

192

Ich danke dir

Ich danke dir von Herzen, wenn du dich von meiner Geschichte berühren ließest.

Und ich wünsche dir viele wundervolle Momente in deinem Leben, die du aus tiefstem Herzen wertschätzen und genießen kannst.

Du bist ein Wunder und dein Leben wartet auf dich.

MACH WAS DRAUS!

In tiefer Verbundenheit

Jasmin

In wenigen Monaten erscheint mein zweites Buch mit dem Titel **«Du bist nicht deine Krankheit».** Ich würde mich sehr freuen, wenn du Lust hast, gemeinsam mit mir auf diese zweite Reise zu gehen.

PS: Es freut mich sehr, wenn dich nicht nur mein Buch, sondern auch die Songs, die auf meinem Weg entstanden sind, berühren. Du findest meine Musik überall, wo es Musik gibt, unter Jasy D Spring – folge mir gerne!

ABSPANN

Über die Autorin

Jasmin Spring ist aufgewachsen und lebt in der Schweiz. Sie arbeitet als ganzheitlicher Entwicklungs- und Gesundheitscoach in ihrem eigenen Studio, der «Empower Station» in Zürich. Sie sieht es als ihre Aufgabe an, Menschen, die in ihrem Leben an ihre Grenzen stoßen, auf ihrem Weg zu begleiten, um über sich hinauszuwachsen. Ob körperlich, mental oder emotional, wenn wir unsere Grenzen hinter uns lassen, hat dies immer heilende Auswirkungen auf Körper, Geist und Seele. Jasmin Spring möchte uns wieder daran erinnern, wie wertvoll jeder einzelne Moment des Lebens ist und dass wir selbst darüber bestimmen, wie viel Freude und Lebendigkeit wir in unserem Leben erfahren.

Wenn du mehr über Jasmin Spring erfahren möchtest, findest du hier alle wichtigen Informationen:

www.empower-station.ch

Danksagung

Ich möchte mich bei den Menschen und Wegbegleitern bedanken, die an meiner Seite stehen, sei es für kurze Zeit, einen kostbaren Moment oder schon seit vielen Jahren. Jeder Moment, in dem ich mich auf meinem Weg verstanden und gesehen gefühlt habe, hat mir die Kraft gegeben, ihn trotz der Widrigkeiten weiterzugehen. Ein besonderer Dank gilt den Menschen, die mein bewegtes Leben und meine stetige Entwicklung nicht nur seit Langem begleiten, sondern auch ein wichtiger Nährboden für Neues sind. Danke für euren Mut, euer Verständnis, eure Liebe, euer Mitgefühl und eure Freundschaft, die mich durch all die Stürme getragen hat. Ein besonderer Dank geht an Claudia, die mich ermutigt hat, mit diesem Buch meine Geschichte zu erzählen. Und ich danke Michael von ganzem Herzen, der mich in all den dunklen Stunden immer wieder ermutigt hat, an mich geglaubt hat und trotz all dem Schmerz nie von meiner Seite gewichen ist.